BATAILLE D'AMOUR

OPÉRA-COMIQUE EN TROIS ACTES

PAROLES DE

MM. VICTORIEN SARDOU ET KARL DACLIN

MUSIQUE DE

M. VAUCORBEIL

MISE EN SCÈNE DE M. MOCKER

Représenté pour la première fois, à Paris, sur le théâtre impérial
de l'Opéra-Comique, le 13 avril 1863.

PARIS

MICHEL LÉVY FRÈRES, LIBRAIRES ÉDITEURS

RUE VIVIENNE, 2 BIS, ET BOULEVARD DES ITALIENS, 15

A LA LIBRAIRIE NOUVELLE

—

1863

Distribution de la pièce

LE COMTE TANCRÈDE............... MM. Montaubry.

LE BARON DE HOCQUINCOURT....., Crosti.

LE CHEVALIER AJAX DE HAUTE-
FEUILLE...................... Sainte-Foy.

CALANDRIN, valet du baron........ Nathan.

Un Porteur .... Lejeune.

Autre Porteur.................. Robert.

DIANE, nièce du baron............. Mlles Baretti.

OLIVETTE, suivante de Diane....... Bélia.

BARBE, duègne.................... Révilly.

Valets, Servantes, Pages, Ecuyers, Fauconniers,
Veneurs du Baron.

La scène est à Saint-Germain, sous le règne de Louis XIII.

NOTA. — La mise en scène exacte de cet ouvrage est rédigée et pu-
bliée par M. L. Palianti, régisseur du théâtre impérial de l'Opéra-Comique.

BATAILLE D'AMOUR

ACTE PREMIER

La Forêt de Saint-Germain. Au fond, une allée du bois tout envahie par les herbes : feuillages d'automne et quatre ou cinq arbres isolés entre lesquels on peut circuler. — A droite, une maison de briques roses appartenant au baron. La maison présente une de ses faces à la scène. Fenêtre au rez-de-chaussée, munie d'une grille, mais ouverte au lever du rideau et fenêtre au premier, également grillée. Sur l'autre face, oblique à la scène, perron de trois marches, porte d'entrée, fenêtres (non praticables) également grillées : en avant de la maison un vase de fleurs ; à gauche un gros arbre et un banc de pierre autour desquels on peut tourner ; massifs d'arbres se perdant dans la coulisse.

SCÈNE PREMIÈRE

TANCRÈDE, DIANE, OLIVETTE, puis CALANDRIN.

Diane arrive par la gauche, masquée et couverte d'une mante qui cache ses cheveux et tout le bas du visage. Elle est suivie d'Olivette. Toutes deux leur livre de messe à la main. Tancrède, en habit de ville, les précède et leur ferme le chemin du côté de la maison.

TRIO.

TANCRÈDE, à Diane *.
Un mot encore,
Je vous adore...
DIANE, à Olivette.
Pressons le pas !...
OLIVETTE.
Parlons bas !...
Madame, n'écoutons pas.

* Diane, Olivette, Tancrède.

ENSEMBLE.

TANCRÈDE.	DIANE.
Je vous implore...	Comme il implore !

TANCRÈDE.

Ne fuyez pas !

OLIVETTE.

Madame, n'écoutons pas.

TANCRÈDE, à Diane, avec chaleur.

Je le proclame !...
Jamais mon âme
N'eut plus de flamme,
Qu'en ce moment.

OLIVETTE, devant sa maîtresse *.

Pour moi je doute,
Qu'on vous écoute.
Suivez la route,
Mon beau galant !...

TANCRÈDE.

Un mot encore;
Je vous adore,
Ne fuyez pas,
Etc.

REPRISE DE L'ENSEMBLE.

DIANE, à Olivette.

Il peut prétendre,
Se faire entendre,
Sa voix est tendre,
Assurément !

OLIVETTE.

Il est charmant !

TANCRÈDE.

Un mot encore,
Je vous adore,
Ne fuyez pas.
Etc.

REPRISE DE L'ENSEMBLE.

OLIVETTE.

Seigneur cavalier, nous revenons de l'église et nous ne sommes pas d'humeur à prêter l'oreille aux discours fleuris.

TANCRÈDE.

Dis à ta maîtresse que Dieu a fait la grâce et l'esprit pour

---

* Tancrède, Olivette, Diane.

qu'on les admire; et c'est l'offenser que de dérober ici à ma vue le chef-d'œuvre de sa main divine.

OLIVETTE.

C'est bien dit!... mais si M. le baron, notre oncle, vous surprenait céans...

TANCRÈDE, vivement.

N'est-ce que cela!... je ne vois personne. (Il remonte.)

DIANE, tandis que Tancrède remonte pour s'assurer qu'ils sont seuls*.

Ah!... Olivette... je le reconnais!

OLIVETTE.

Bah!

DIANE.

Oui, c'est ce gentilhomme qui ne me quitta pas de la soirée... l'autre jour... à Paris... au divertissement de madame la reine-mère... tu sais bien, celui...

OLIVETTE, avec malice.

Oui, oui, vous m'en avez assez parlé!

DIANE.

Je voudrais bien savoir s'il m'a reconnue ou s'il me prend pour quelque autre!

TANCRÈDE, redescendant.

Personne, madame, et rien à craindre!

DIANE.

Demande-lui comment il a deviné sous le masque que j'étais belle!

OLIVETTE, se campant les bras croisés entre Tancrède et sa maîtresse.

Seigneur cavalier, nous désirons savoir comment vous avez deviné sous le masque que nous sommes belle?

DIANE, à Olivette, bas.

Et que j'ai de l'esprit?

OLIVETTE, même jeu.

Et que nous avons de l'esprit?

TANCRÈDE.

Ah! madame, à cette voix harmonieuse, à cette souplesse d'une taille sans rivale, à ce frétillement furtif d'un petit pied qui n'est là que pour les yeux, car il ne semble pas que vous touchiez la terre!... à toutes ces grâces, madame, à tous ces charmes, comment ne devinerais-je pas une âme parfaite, un visage radieux sur un corps divin... une fleur enfin, digne de la tige?...

_____
* Tancrède au fond, Diane, Olivette.

BATAILLE D'AMOUR.

OLIVETTE.

Çamon! madame; voilà un compliment bien tourné.

DIANE.

Il ne m'a pas reconnue!... c'est un muguet qui en conte à toutes les femmes... je veux m'amuser de lui, pour le punir. (Haut.) Vous qui voyez si bien sous le masque et sous la mantille, suis-je blonde ou brune*?...

TANCRÈDE.

Blonde comme le jour!

OLIVETTE.

Oui-dà!

DIANE.

Et mes yeux sont bleus?

TANCRÈDE.

Oh! noirs comme la nuit...

OLIVETTE.

Il y est!

DIANE, à Olivette.

Pas encore!

TANCRÈDE.

Aussi bien, vous pouvez lever le masque, madame, car il ne cache rien, pas même ce petit signe adorable...

OLIVETTE.

Ah!...

TANCRÈDE, remontant en prenant le milieu.

Cette mouche dont la nature a voulu rehausser l'éclat de votre teint**.

OLIVETTE.

Il brûle!...

TANCRÈDE.

Et qu'elle a placée à l'endroit le plus meurtrier!...près de cet œil...

OLIVETTE vivement.

Lequel?

* Tancrède, Diane, Olivette.
** Diane, Tancrède, Olivette.

TANCRÈDE.

Le gauche!

OLIVETTE.

L'y voilà!

TANCRÈDE.

Hélas! l'épreuve est inutile, madame. Que vous appren-
drait-elle? que je vous ai voué toute ma vie, depuis le jour
fortuné où je vous vis dans une fête!... que je sais votre
nom!... Diane!... celui d'une déesse!... pour l'avoir prononcé
cent fois avec amour... Et que votre départ pour Saint-Germain, avec M. le baron de Hocquincourt, votre oncle et
votre tuteur, m'a mis au point de quitter la cour, mes amis,
mes parents, tout ce qui m'était cher autrefois pour suivre
ici le seul objet qui me soit cher désormais...

OLIVETTE *.

Allons! allons! madame. Il vous connaît si bien que vous
auriez mauvaise grâce à garder le masque plus longtemps.

DIANE.

Tu crois!... allons! (Elle se démasque.)

TANCRÈDE, vivement.

Ah! madame!...

DIANE, l'arrêtant d'un geste.

Mais puisque vous savez le nom de mon oncle, vous
n'êtes pas sans connaître un peu son caractère.

TANCRÈDE.

N'est-ce pas un vieux gentilhomme, lieutenant des
chasses du roi : un vieux galantin qui a fait trop parler de
lui autrefois, qui se venge aujourd'hui d'un repos forcé, en
contrariant le bonheur des autres; et qui, de peur des ga-
lants, est venu s'enfermer avec vous, à Saint-Germain, dans
ce pavillon de chasse, grillé comme une forteresse du vieux
temps.

DIANE.

Et tout cela ne vous fait pas craindre?

TANCRÈDE.

Eh! que puis-je craindre, madame, si ce n'est vos

* Olivette, Diane, Tancrède.

rigueurs !... que me font ces remparts, ces grilles, si un seul regard de vos yeux, si un seul mot de votre bouche me laisse entendre que je puis espérer...

OLIVETTE.

Allons, madame, allons! faites-vous violence!

DIANE.

Doucement; monsieur le comte n'a pas la renommée d'un homme bien sincère!

TANCRÈDE, se récriant.

Moi, madame!

DIANE.

Le comte Tancrède, m'a-t-on dit... ah! c'est un raffiné d'amour!...

TANCRÈDE, vivement.

La calomnie!

DIANE.

Qui se damne!

TANCRÈDE, de même.

Les jaloux!

DIANE.

En damnant les autres! Et pour n'en citer qu'une... la marquise...

TANCRÈDE, l'interrompant.

Ah! madame, arrêtez!... Je ne vous connaissais pas encore!...

DIANE.

Je sais bien que c'est une raison.

OLIVETTE.

C'est une raison!...

TANCRÈDE.

Admirable! et quand vous saurez que je ne suis ici que pour obtenir votre main...

DIANE.

Je le pense bien ainsi, monsieur le comte.

OLIVETTE, prenant le milieu.

Ah! voilà où cela se gâte!

TANCRÈDE.

Comment?

DIANE.

Hélas! Elle a raison! mon oncle s'est mis en tête de me faire épouser un mari de son choix.

TANCRÈDE.

Un rival!

DIANE.

Un gentilhomme de province, le plus sot et le plus avare qui se puisse voir... le fils d'un de ses amis, le chevalier Ajax de Hautefeuille.

TANCRÈDE.

Qu'importe! nous avons du temps devant nous.

DIANE.

Mais non! il arrive aujourd'hui.

TANCRÈDE, surpris.

Si tôt?

OLIVETTE, remontant.

Et pour peu que le baron nous soupçonne...

TANCRÈDE.

Qui le lui dira?

OLIVETTE*.

Tout!... depuis le valet d'écurie jusqu'au maître d'hôtel, il n'y a que gens à nous observer et à nous vendre!... Et en premier lieu, la gouvernante du logis, une vieille fille, qui nous gâtera toute la besogne!... Et, en second lieu, le sieur Calandrin, mon cousin, valet de chambre de monsieur, le plus franc imbécile, et le plus vilain chien!...

TANCRÈDE.

Bon!... avec quelques pistoles!...

OLIVETTE.

Néant! il est fidèle au baron, par intérêt, espérant l'intendance du logis. C'est lui qui m'a fait placer près de madame pour la surveiller... ce dont je m'acquitte, comme vous voyez... Il me croit aussi naïve que je l'étais au village, et se propose de m'épouser!... quand je vous dis que c'est un nigaud! (Calandrin paraît au fond couvert d'un manteau, et les regarde à l'abri des arbres.)

DIANE.

Quelqu'un!

OLIVETTE, sans se retourner.

Quand on parle du loup!... Le voilà!

* Diane, Olivette, Tancrède.

TANCRÈDE, de même.

Calandrin?... où ça?

OLIVETTE, de même.

Au fond ! — Le v'là ! le v'là ! tirez du vôtre !

DIANE, de même.

N'ayons pas l'air de nous connaître !

TANCRÈDE, à distance, sans les regarder et à demi-voix.

La chose est facile... le bois est à tout le monde et je puis m'y promener comme vous.

OLIVETTE.

C'est juste... faisons semblant de prendre le frais... (Ritour-nelle.) Ah ! madame, écoutez-donc les oiseaux.

DIANE *.

Ils commencent leur chanson !

CALANDRIN, au fond.

Les oiseaux... leur chanson!... voici un promeneur bien suspect.

QUATUOR.

DIANE.

Lieux enchanteurs, discrets abris,
Pleins d'ombre...

OLIVETTE.

Ruisseaux jaseurs, sentiers fleuris,
Bois sombre !...

DIANE.

Du rossignol j'entends la voix
Touchante...

TANCRÈDE, au fond adossé contre un arbre.

L'oiseau divin pleure à la fois
Et chante...

DIANE et OLIVETTE, imitant les oiseaux.

Ah! ah! ah! ah!

CALANDRIN, descendant à gauche, désignant Tancrède qui est redes-cendu à gauche, s'est assis sur le banc et trace des ronds sur le sable avec sa cravache.

J'arrive à point : c'est un galant !
De tracer des ronds sur le sable
Et de rêver, il fait semblant,
Mais cela sent l'amour en diable !

DIANE et OLIVETTE.

Ah! ah! ah!

* Diane, Olivette, Tancrède.

DIANE, OLIVETTE, -TANCRÈDE.

Lieux enchanteurs, discrets abris,
Pleins d'ombre...
Ruisseaux jaseurs, sentiers fleuris,
Bois sombre!...

(Tancrède traverse la scène en saluant cérémonieusement Diane qui répond par une révérence; et les deux femmes regagnent la maison en chantant.)

Du rossignol j'entends la voix
Touchante;
L'oiseau divin pleure à la fois,
Et chante !

(Diane rentre dans la maison, Tancrède remonte suivi de Calandrin qui cherche à voir sa figure.)

TANCRÈDE, lui donnant deux coups de cravache dans les jambes.

Eh bien, drôle!... (Il sort; Olivette, sur les marches de la maison, éclate de rire.)

SCÈNE II

CALANDRIN, OLIVETTE.

CALANDRIN, se frottant.

Tu ris, bonne bête!

OLIVETTE, d'un air niais.

Mais, dame! oui... hé! hé!

CALANDRIN, la faisant descendre.

Viens çà!

OLIVETTE, de même.

Quoi donc?

CALANDRIN.

Qu'est-ce que ce gentilhomme?

OLIVETTE.

Ce gentilhomme?

CALANDRIN.

Oui, celui qui vient...

OLIVETTE, faisant le geste de battre.

Ah!... de te...

CALANDRIN.

Eh non!... (A part.) Elle est stupide, cette fille! (Haut.) Je te demande ce que faisait là ce beau muguet?

OLIVETTE.

Eh bien, il passait, quoi!

CALANDRIN.

Il passait! il passait pour voir ta maîtresse!

OLIVETTE, ouvrant la bouche et les yeux tout grands.

Bah! pas possible!

CALANDRIN.

Pas possible!... Elle ne voit rien, cette fille, elle est stupide! (Ils continuent à discuter tout bas en remontant vers la maison.)

SCÈNE III.

LES MÊMES, LE BARON.

LE BARON, au fond ne voyant de Calandrin que son manteau.

Ouais!... un homme autour de ma maison... avec la suivante de ma nièce!... voilà comme il fait bonne garde, ce Calandrin! (L'arrêtant et le faisant pirouetter.) Halte-là! on n'entre pas!

CALANDRIN, stupéfait.

Monsieur!

LE BARON.

Eh! maraud! c'est toi! que ne le disais-tu?... je te prenais pour quelqu'un!

CALANDRIN, se frottant l'épaule.

Par ma foi, monsieur, si c'est moi maintenant, ce n'était pas moi tout à l'heure... et je crois que je viens d'éventer un fameux gibier... un galant!...

LE BARON, vivement.

Un galant?

CALANDRIN.

Qu'Olivette a pu voir comme moi!... mais elle est si bête! elle n'y a rien compris!... Pour moi, monsieur!... il a bien cherché à me corrompre, mais mon attitude et la façon dont j'ai reçu ses avances!..

OLIVETTE, fait le signe de battre.

Ah! c'étaient des avances?...

LE BARON.

Il t'a battu?

CALANDRIN, après avoir fait signe à Olivette de se taire.

Mais non! elle ne sait ce qu'elle dit!

LE BARON, à demi-voix, après avoir regardé autour de lui.

Grand Dieu! déjà!... A peine établis dans cette maison, que j'ai fait griller exprès! Ah! qu'une jolie fille est difficile à garder!... Et quelle figure a-t-il, Calandrin?

CALANDRIN.

Oh! mauvaise! mauvaise figure!...

OLIVETTE.

Trédame! il m'a paru bien gentil, à moi.

LE BARON.

Son âge?

CALANDRIN.

De vingt à trente...

LE BARON.

De vingt à trente! Heureux homme! (Il soupire.) Ah! c'est le bel âge! vingt-cinq ans! Et quand j'y pense... (Gaiement.) Ah! Calandrin, que n'étais-tu à mon service en ce temps-là! Jour de Dieu!... mon pauvre garçon, je t'aurais mis sur les dents...

CALANDRIN.

Pour empêcher l'amour?...

LE BARON, l'interrompant gaiement.

Au contraire, ventremahom!... pour l'aider!

RONDO.

Autrefois, je le dis sans vergogne,
Je t'aurais accablé de besogne,
Non! jamais de Bretagne en Bourgogne,
Amoureux ne sut mieux s'occuper,
Nuit et jour, enjamber les murailles,
Et toujours au péril échapper;
Endormir un tuteur sans entrailles,
Inviter sa pupille à souper!...
　　Malgré verrous et grilles,
　　Ravir femmes et filles!
　　Souvenirs pleins d'attraits...
Les maris semblaient faits exprès!...
Ce n'était que festins, cavalcades,
Que billets, coups d'épée, estocades,
Doux propos, gais refrains, embuscades...
Car l'amour, oui l'amour est un jeu...
Les maris n'y voyaient que du feu!
　　Les balcons attaqués,
　　Les valets débusqués,
　　Les rivaux démasqués,
　　Les soufflets appliqués!
Enfin, si quelque rebelle,
M'accusait d'être infidèle,
　　En vain la belle,
　　M'abreuvait-elle
　　De cruautés;

Moi, sans trouble et sans tristesse,
J'allais à d'autres beautés !...
Souvent encor la plus tigresse,
Croyant, hélas ! à ma tendresse,
A mes soupirs donnait le prix,
Son tendre cœur était surpris !...

Autrefois, je le dis sans vergogne,
Etc., etc.

Et maintenant pour en revenir à ce beau muguet... tu feras sentinelle sous les arbres, jusqu'au soir... et dès qu'il paraîtra, tu viendras me prévenir !... que je voie son visage, à ce fat...

CALANDRIN.

Oui, monsieur !

LE BARON, lui donnant sa bourse.

Et voilà toujours pour votre récompense !... avec ce qu'il vous aura donné.

CALANDRIN.

Donné ! il ne nous a rien donné.

LE BARON.

Rien !

OLIVETTE.

Rien !

LE BARON, riant.

Oh ! le niais !... c'est un écolier... on débute par là !

CALANDRIN.

A la bonne heure ! — mais avec ma probité.

LE BARON, de même, s'oubliant et riant.

Ah ! ah ! ta probité ! mais c'est votre métier de vous laisser corrompre !... mais vous ne demandez pas mieux ! Et vous seriez bien sots de ne pas vous laisser faire !

OLIVETTE.

Ah !

LE BARON, de même.

Mais parbleu ! qu'ai-je donc fait toute ma vie, moi ? comment ai-je donc enlevé cette présidente si bien gardée à la campagne ? En corrompant le chef de cuisine, qui me fit entrer au château comme marmiton !

OLIVETTE, riant.

Vous !

LE BARON, de même, riant.

Eh oui ! moi ! et comment ai-je tiré du couvent cette jeune

comtesse que le mari avait fait cloîtrer? En gagnant le jardinier, qui me fit entrer en marchande de légumes, avec une hotte!

OLIVETTE, riant.

Une hotte!

LE BARON, de même.

Où j'enlevai la belle!... et la petite sénéchale, et la grosse baillive!... et... et... et... (Riant avec eux et s'apercevant tout à coup qu'il a trop parlé.) Ah! mon Dieu!... qu'est-ce que je fais donc, moi. (Changeant de ton.) Voilà ce qu'on ne manquera pas de vous dire! et ceux qui parleront ainsi de votre maître sont des impertinents, entendez-vous!... et des calomniateurs!...

OLIVETTE et CALANDRIN.

Oui, monsieur!

LE BARON.

Et les valets qui se laissent corrompre méritent l'estrapade... Et je ferai pourrir au cachot... celui qui recevra une obole.

OLIVETTE et CALANDRIN.

Oui, monsieur le baron.

LE BARON.

Et là-dessus! (A Olivette.) Rentrez, vous! et toi, fais le tour de la maison, pour voir s'il rôde encore.

OLIVETTE.

Le voilà!... le voilà!

LE BARON et CALANDRIN.

Où ça?

OLIVETTE, montrant la gauche de la coulisse.

Là-bas!... cet homme qui court...

CALANDRIN.

Je le vois... et je vais savoir où il loge. (Il sort en courant.)

LE BARON.

C'est cela!

OLIVETTE, riant à part.

C'est un coureur du palais... s'il l'attrape!...

LE BARON.

Rentrez!... vous!

OLIVETTE.

Oui, monsieur le baron! (Bas et le saluant respectueusement.) Vieux fou! (Le baron reste un moment à regarder la course de Calandrin dans la coulisse.)

LE BARON, seul.

Il ne l'attrapera jamais.

SCÈNE IV

LE BARON, TANCRÈDE.

TANCRÈDE, qui est entré tout doucement par la droite.

Eh! Dieu me damne!... c'est M. le baron de Hocquincourt *!

LE BARON, se retournant tout surpris.

Lui-même, monsieur le comte...

TANCRÈDE.

Parbleu! monsieur le baron! la rencontre se fait à point;
j'allais chez vous!

LE BARON, le toisant d'un air soupçonneux.

Je m'en réjouis fort!

TANCRÈDE, montrant la porte ouverte.

Et si vous voulez que nous entrions ?

LE BARON, l'arrêtant.

C'est inutile... nous causerons fort bien sous ces arbres.

TANCRÈDE.

Comme il vous plaira... Monsieur le baron, vous avez une
nièce ?

LE BARON, tressaillant, et après l'avoir toisé.

Oui, monsieur le comte, oui, j'ai une nièce...

TANCRÈDE.

Mais une nièce dont on dit tout le bien imaginable!

LE BARON, pinçant les lèvres.

On n'en saurait trop dire, en effet!

TANCRÈDE.

Eh bien, baron, sur la renommée de sa grâce et de ses
charmes, et sans avoir besoin d'énumérer mes noms et mes
titres, que vous connaissez de reste, j'ai l'honneur de vous
demander sa main.

LE BARON.

La main de ma nièce?

TANCRÈDE.

Oui, monsieur le baron.

LE BARON, lui serrant la main.

Touchez là, comte!... ma nièce n'est pas pour vous!

TANCRÈDE.

Le compliment est brusque, baron! Et pourquoi n'est-elle
pas pour moi?

* Le baron, Tancrède.

LE BARON.

Ah! vous m'en voyez au désespoir! mais elle est pourvue...
j'attends aujourd'hui même son futur mari.

TANCRÈDE.

A la bonne heure, baron; mais rien n'est fait, et j'ose
croire qu'entre moi et M. Ajax de Hautefeuille...

LE BARON, inquiet.

Il sait son nom! (Haut.) J'en suis au désespoir!... vous
dis-je, mais il y a parole donnée... (Il salue et regagne sa porte.)

TANCRÈDE, tranquillement, après avoir traversé la scène.

En admettant que votre nièce consente.

LE BARON, se retournant fièrement.

Elle consent*!

TANCRÈDE, de même.

Oh! je vous suis garant que non.

LE BARON.

Oh! je vous suis garant que si.

TANCRÈDE.

Elle a trop d'esprit pour épouser un nigaud tel que votre Ajax.

LE BARON.

Oh! oh! et où prenez-vous que cet Ajax soit un nigaud?

TANCRÈDE.

C'est évident!... un homme qui arrive des champs pour
épouser une jeune fille qu'il n'a jamais vue et qui ne l'aime
pas!

LE BARON, redescendant.

Et qui vous dit qu'elle ne l'aime pas?...

TANCRÈDE, de même.

Je le sais.

LE BARON.

Vous le savez mal.

TANCRÈDE.

On me l'a assuré.

LE BARON.

Qui?

TANCRÈDE, tranquillement en le saluant.

Elle-même!

LE BARON.

Elle-même! vous l'avez donc vue?

* Tancrède, le baron.

TANCRÈDE.

Sans doute, baron, puisque je lui ai parlé.

LE BARON, effaré.

Il lui a parlé? c'est impossible! où çà?... quand? comment?

TANCRÈDE.

Ici! tout à l'heure! tranquillement!

LE BARON.

Ici?... c'était donc vous?

TANCRÈDE, riant.

C'était moi !

LE BARON.

Et cet imbécile qui court... Et elle a osé vous dire qu'elle n'aimait pas cet Ajax ?

TANCRÈDE.

Naturellement! puisque c'est moi qu'elle aime.

LE BARON, éclatant.

Elle a eu l'effronterie de vous dire qu'elle vous aimait ! ! !

TANCRÈDE.

Oh! la pudeur exige plus de retenue! —mais de vous à moi c'est assez clair!

LE BARON.

Eh bien, je permets qu'on m'arrache la barbe si je vous laisse après cela franchir le seuil de ma maison et entrevoir... seulement entrevoir... ma nièce!

TANCRÈDE.

Et moi, je vous déclare, monsieur le baron, que j'entrerai chez vous!

LE BARON, ironiquement.

Chez moi!

TANCRÈDE.

Malgré vous !

LE BARON.

Malgré moi!

TANCRÈDE.

Et que rien au monde ne saura m'empêcher d'enlever votre nièce... et de l'épouser!

LE BARON.

Vous enlèverez ma nièce?

TANCRÈDE.

Oui.

LE BARON.

Ah! je voudrais voir cela, par exemple!

TANCRÈDE.

Vous le verrez aujourd'hui même.

LE BARON.

Savez-vous bien à qui vous parlez?

TANCRÈDE, saluant.

Je parle au baron de Hocquincourt, c'est-à-dire au plus illustre roué de la vieille cour.

LE BARON, vivement.

Dites au plus fin, au plus adroit, au plus subtil, au plus retors... au plus madré...

TANCRÈDE, l'interrompant.

Oui, oui, autrefois... mais nous avons perfectionné tout cela; et j'ai des ruses nouvelles qui étonneront votre routine.

LE BARON, exaspéré.

Ma *routine!*... je .. ma *routine!*... moi... ma *routine!*... Jour de Dieu!... tâchez donc de l'enlever, ma nièce, par ruse et par artifice... et si vous faites cela... sur ma vie!... si vous le faites...

TANCRÈDE.

Eh bien?

LE BARON.

Je vous la donne pour femme!

TANCRÈDE.

Je vous prends au mot, baron!

LE BARON.

Oh! je l'ai dit... je ne m'en dédis pas. (Il descend.)

DUO.

LE BARON.

Résumons-nous.

TANCRÈDE.

Je le veux bien.

LE BARON.

Vous soutenez?

TANCRÈDE.

Oui, je soutien!

LE BARON.

Que vous enlèverez ma nièce?

TANCRÈDE.

Avant minuit!

LE BARON.

Avant minuit!

TANCRÈDE.

Songez que l'amour me conduit !

LE BARON, railleur.

On voit que l'amour vous conduit !
(Montrant sa maison.)
Regardez cette forteresse!

TANCRÈDE *.

De vos murailles je fais fi,
Et si j'accepte le défi,
C'est que l'espoir est dans mon âme.

LE BARON, à part.

Quelle assurance et quelle flamme!
(Haut.) Ainsi, vous êtes trop adroit,
Pour introduire aucun compère ?

TANCRÈDE.

Pourquoi donc pas ?... mais au contraire!
Bien plus, je me garde le droit,
Si le péril devient extrême,
De me faire aider... par vous-même !...

LE BARON.

De vous faire aider par moi-même!

TANCRÈDE.

Je m'en réserve le droit.

LE BARON.

Ah! vous serez bien adroit !

LE BARON.	TANCRÈDE.
Sur mon savoir et mon adresse,	Ardeur, espoir, amour, jeunesse,
Il serait fort de l'emporter.	Avec cela je puis lutter !

EMSEMBLE.

TANCRÈDE.	LE BARON.
Mon audace,	De l'audace,
L'embarrasse,	Qui menace,
Et ce n'est de la menace,	Jamais homme de ma race,
Que la préface,	Ne s'embarrasse,
Vive à jamais l'audace !	Je ne crains pas l'audace ;

TANCRÈDE.

J'ajoute encor que je m'engage,
A ne pas cacher mon visage ;
Le masque est un ancien usage,
Et j'ai la noble ambition,
D'employer des ruses nouvelles...

* Le baron, Tancrède.

LE BARON.

Voyez donc ces jeunes cervelles,
Voyez cette prétention !

(Ironiquement.)

Avec une telle figure,
On aurait tort, je vous le jure,
On aurait tort de se cacher.

TANCRÈDE.

Vous ne pourrez rien empêcher !
En quatre mots pour tout conclure :
Je m'engage formellement,
A pénétrer commodément,
Tranquillement, facilement,
Jusque dans votre appartement.

LE BARON.

Il s'engage modestement,
A pénétrer commodément,
Tranquillement, facilement,
Jusque dans mon appartement !

REPRISE ENSEMBLE.

TANCRÈDE.	LE BARON.
Mon audace,	De l'audace,
Etc.	Etc.

TANCRÈDE.

A votre tour je vous écoute !

LE BARON.

Vous m'écoutez ?

TANCRÈDE.

Eh ! oui, sans doute...
Si du combat je sors vainqueur,
Et si j'enlève votre nièce,
Après avoir ravi son cœur...

LE BARON.

Oui, c'est sa main que je vous donne !

TANCRÈDE.

A votre foi, je m'abandonne,
Jurez-moi donc...

LE BARON, parlé.

Vous voulez que je jure ! (D'un air solennel.)

Par mes nobles aïeux !

(Changeant de ton.)

Mais plutôt... non ! Point de serment vulgaire,
Par les beautés qui m'adoraient naguère,
Par mes exploits... d'après vous un peu vieux,

Par mes succès... que vous n'admirez guère,
Par mes rivaux, dispersés en tous lieux,...
Par les jaloux qui me faisaient la guerre...
Je jure qu'à minuit,
Je vous donne ma nièce,
Si vous avez l'adresse,
De l'enlever sans bruit.

TANCRÈDE, à part.

O nuit, viens cacher de tes voiles,
Mes rêves de bonheur et mes ruses d'amour !
O nuit ! dérobe tes étoiles,
Quand j'entrerai dans ce séjour !...

ENSEMBLE.

TANCRÈDE.

Je le sens à l'ardeur qui m'enflamme,
Nos deux cœurs sont unis à jamais,
Ma maîtresse ! ô ma vie ! ô mon âme,
Dans mes bras tu vivras désormais.

LE BARON.

Nous verrons si l'ardeur qui l'enflamme,
Dans ces murs le conduira à jamais,
Il a beau m'aveugler de sa flamme,
Nous verrons s'il me bat désormais.

LE BARON.

Ainsi, la guerre est déclarée ?

TANCRÈDE.

Baron, c'est un combat charmant !

LE BARON.

Il croit tenir son adorée !

ENSEMBLE, se saluant.

Que chacun tienne son serment !

(Tancrède sort par le fond.)

SCÈNE V

LE BARON, puis DIANE, OLIVETTE.

LE BARON.

Va, va, jeune fou !... Il te faut une leçon... ma *routine*...
l'insolent !

DIANE, sur le seuil de la maison avec Olivette.

A qui en avez-vous, mon oncle ?

LE BARON, vivement.

Ici !... voulez-vous rentrer !... non !... il est déjà loin.

DIANE, descendant.

Vous querellez quelqu'un ?

LE BARON.

C'est vous que je veux quereller !

DIANE *.

Moi, monsieur ?

LE BARON.

Vous, qui vous permettez de causer dans la rue avec ce gentilhomme... Oui, oui, faites l'étonnée, vous savez bien qui je veux dire ?

DIANE.

Puis-je empêcher un homme bien élevé de me rendre ses devoirs à notre porte ?

LE BARON.

De vous rendre ses devoirs ! et quels devoirs ? et qu'est-ce qu'il vous doit ? Est-ce le fait d'une fille de bonne maison, que de lui avouer que sa politesse vous est agréable ?

DIANE.

Ai-je dit cela ?

LE BARON.

Si vous ne l'avez dit, vous l'avez laissé voir... mais c'est ma faute ! voilà ce que c'est que d'avoir permis à votre duègne de sortir ce matin ! (Il remonte pour voir encore si le comte est là et redescend vivement ; mouvement des deux femmes.) Il ne se peut pourtant pas que vous ne soyez outrée contre lui, quand vous saurez de quoi ce fat a osé se vanter !... Sur le refus que je lui ai fait de votre main **!...

DIANE, l'interrompant.

Ah ! vous lui avez refusé ma main... Et de quoi s'est-il vanté ?

LE BARON.

De vous enlever avant minuit !

DIANE.

Soyez tranquille, mon oncle, on n'enlève que celles qui le veulent bien.

LE BARON.

Aussi prétend-il que vous le voudrez bien.

OLIVETTE, à elle-même.

Trédame ! il n'en faudrait pas jurer.

LE BARON.

Plaît-il ?...

* Le baron, Diane, Olivette.
** Diane, le baron, Olivette.

DIANE.

S'il a le talent de me le faire vouloir.

LE BARON.

Mais qu'est-ce que j'entends là, juste ciel !

DIANE.

Vous me consultez, monsieur ; je réponds.

LE BARON.

Mais je ne vous consulte pas...

DIANE.

Sur mon mariage avec M. Ajax, c'est vrai ! car autrement vous sauriez qu'il me déplait à la mort.

LE BARON.

Est-ce là l'obéissance que vous devez à votre tuteur ?

DIANE.

Et vous, mon oncle, est-ce la protection que vous devez à votre pupille ? Et vous a-t-on confié mon bonheur pour le remettre aux mains de M. Ajax.

LE BARON.

Je ne sais plus où j'en suis.

DIANE.

Eh bien, non, je ne veux pas être madame Ajax de Hautefeuille, et comme il n'y a rien de raisonnable à objecter à celui qui vous a demandé ma main tout à l'heure, je ne le cache plus; oui, je réponds à son amour, et je souhaite qu'il m'enlève et le plus vite possible ! s'il est vrai qu'on enlève encore les pauvres filles comme moi, persécutées par un tyran.

LE BARON.

Oh !

OLIVETTE.

Comment si on enlève ! mais demandez plutôt à monsieur ! Et cette présidente qu'il enleva, étant en marmiton.

LE BARON.

Eh!

DIANE.

Comment? mon oncle !

OLIVETTE.

Et cette jeune comtesse que monsieur tira du couvent dans une hotte.

DIANE.

Vous !

LE BARON.

Eh! non! (A Olivette.) Je vous défends...

OLIVETTE.

Et la petite sénéchale! Et la grosse baillive!

LE BARON.

Te tairas-tu?

OLIVETTE.

Mon Dieu! monsieur, ce que j'en dis, ce n'est que pour prouver à madame...

LE BARON.

Je n'ai que faire de vos preuves!... Et vous, si par impossible, il pénétrait dans la maison, et se mettait en devoir de vous enlever, je vous ordonne de crier et d'appeler à l'aide.

DIANE.

Oh! pour cela, monsieur, tout ce que je pourrai faire pour vous, ce sera de m'évanouir.

LE BARON.

S'évanouir... voilà une belle défense... Rentrez au logis, madame ma nièce... Je ne vous verrai pas que votre futur ne soit arrivé, et que vous ne l'ayez bien accueilli... S'évanouir... (A Olivette qui rit, la poursuivant à chaque apostrophe.) Et vous, rentrez aussi, bavarde, raisonneuse!... impertinente!...

OLIVETTE.

Mais monsieur, je ne dis rien!... (Elle rentre.)

LE BARON, se retournant vers le public, à l'instant de franchir les marches du perron.

Et maintenant, préparons-nous à soutenir le siége... La journée sera chaude... A la herse! et levons le pont! (Il rentre; on entend le bruit de la serrure qu'il ferme.)

SCÈNE VI

TANCRÈDE, seul, en habit plus modeste : manteau et feutre. Il entre avec précaution par la gauche et entend le bruit des verrous.

Cric! crac! Le voilà déjà sur la défense! avançons prudemment! De ce côté je suis à couvert sous les arbres... Et tout d'abord, cherchons le côté faible de la place!... (Il examine la maison.) Deux étages!... des cheminées impraticables! pas de grenier, des grilles partout... Et une seule porte! Diable! y a-t-il des soupiraux de cave?... non!... Et ici? (Il regarde au fond.) Ah!... un jardin... très-bien!... et une grille... de mieux en mieux! (Redescendant.) Ça, dressons

2

nos batteries et récapitulons les forces de l'ennemi...
D'abord, si mes renseignements sont exacts, ce Calandrin,
un niais !... Ensuite la soubrette !... à nous ! Puis le maître
d'hôtel, des valets de pieds et d'écurie, sans compter les
veneurs, les piqueurs, les fauconniers et la duègne ! Voilà
bien du monde, mais je ne crains que la duègne! ces
duègnes m'ont toujours porté malheur ! et si je ne viens
pas à bout de séduire celle-là!... (Barbe paraît au fond et se
dirige vers la maison.) O fortune ! si c'était elle! oui! cet âge,
cette coiffe vénérable!... Elle se dirige vers la maison! elle
va frapper!...

SCÈNE VII

TANCRÈDE, BARBE.

TANCRÈDE, à demi-voix.

Pstt! pstt!!!... mademoiselle.

BARBE, prête à frapper, se retournant d'un air revêche.

Monsieur...

TANCRÈDE, mystérieusement.

Un mot seulement. (Barbe descend les marches et vient à lui.)
Vous servez chez M. le baron de Hocquincourt?

BARBE, de même.

Je ne *sers* pas, monsieur : je suis gouvernante de la
maison.

TANCRÈDE.

Gouvernante !... à votre âge! voilà une fonction bien
sérieuse, pour un visage si jeune.

BARBE, sèchement.

Vous êtes trop honnête ! (Elle va pour entrer.)

TANCRÈDE.

Eh ! mademoiselle ! Je n'ai rien dit : venez de ce côté, je
vous prie, près de cet arbre.

BARBE, à part.

Quelque amoureux ! (Haut, de même.) Qu'y a-t-il pour votre
service ?...

TANCRÈDE.

Oh ! mon Dieu ! quelle sévérité ! avec une physionomie si
avenante, si douce, et un nom qui probablement...

BARBE.

Barbe!

TANCRÈDE, effrayé,

Hein ?

BARBE.

Barbe !

TANCRÈDE.

Diable !

BARBE.

C'est tout ce que vous avez à me dire ?

TANCRÈDE, la retenant.

Oh ! oh ! pardonnez-moi, je pensais en vous voyant que cette mante est bien usée, cette guimpe bien modeste, et qu'une belle collerette de fine guipure, des anneaux d'or et un rosaire de pierres d'Italie...

BARBE.

Je n'ai que faire de vos présents, monsieur; mais si vous avez quelque message galant à faire parvenir... je me chargerais volontiers de le remettre...

TANCRÈDE, avec espoir.

Ah !

BARBE.

A M. le baron.

TANCRÈDE, à part.

Au diable ! Il n'y a qu'une fille incorruptible au monde et il faut que je tombe sur elle !

SCÈNE VIII

Les Mêmes, LE BARON.

LE BARON, à la fenêtre, prêt à tirer la grille qui est ouverte.

Et moi qui oubliais de fermer...

TANCRÈDE, l'apercevant, à part.

Le baron !

LE BARON, les apercevant ensemble.

Ma duègne et le comte... oh ! oh !

TANCRÈDE, à part.

Ah ! tu écoutes... changeons nos batteries...

BARBE.

Monsieur a tout dit ?

TANCRÈDE, la retenant.

Oh ! je suis charmé des sentiments que vous faites paraître.

BARBE, surprise.

Ah !

LE BARON, à part.

Qu'est ceci ? (Il ferme la grille et disparaît.)

TANCRÈDE, même jeu.

Ah ! d'honneur ! je suis ravi de la façon dont vous avez accueilli mes offres.

BARBE.

Bah !

TANCRÈDE.

Et il faut que vous acceptiez cette bourse pour prix de votre zèle.

BARBE, surprise.

Monsieur...

TANCRÈDE.

Prenez, prenez !

BARBE.

Mais...

TANCRÈDE.

Il faut aussi que je vous embrasse. (Il l'embrasse.)

BARBE, se rajustant.

Monsieur...

LE BARON, sortant de chez lui sur le perron.

Infamie !

TANCRÈDE, faisant l'homme confus.

Juste ciel ! nous sommes découverts... il a tout entendu !...

LE BARON.

Oui, j'ai tout entendu. (A Barbe.) Serpent !

BARBE, étonnée.

Serpent !

TANCRÈDE, avec un feint embarras.

Ah ! je suis désespéré !... Mais ne croyez pas au moins, monsieur le baron... non... je ne voudrais pas faire tort... à une honnête personne... Et quoique les apparences...

LE BARON, criant.

Il s'agit bien des apparences...

TANCRÈDE.

Si ! si !

LE BARON, furieux.

Quand elle a encore l'argent dans la main !... Je la chasse !..

BARBE.

Moi !

LE BARON.

Je te chasse !

TANCRÈDE, à part.

C'est tout ce que je veux !

BARBE, au baron.

Mais ! laissez-moi...

LE BARON, furieux.

A cet âge !... à cet âge-là !... Je vous le demande !

BARBE, exaspérée.

Mon âge ! mon âge !

LE BARON, à Barbe.

Hors d'ici, vous dis-je, hors d'ici !

BARBE.

Ah ! c'est ainsi, ah ! vous m'injuriez ! ah ! vous me chassez ! Et tout cela pour avoir pris vos intérêts ?

LE BARON.

Mes intérêts... L'impudente !

BARBE.

Eh bien, oui, je m'en vais ! Et je ne suis pas fâchée de la quitter, votre maison, votre bicoque, votre baraque ! où j'ai perdu les plus belles années de ma vie.

LE BARON.

Avez-vous fini ?

BARBE, pleurant.

Car je serais mariée trois fois, à l'heure qu'il est. (A Tancrède.) Oui, monsieur, je serais mariée trois fois !

LE BARON.

Trois coquins bien heureux !

BARBE.

Mais je me vengerai, et je vous ferai bien voir qu'on n'offense pas impunément Pulchérie-Cunégonde-Barbe de la Cornibassière! (Elle rentre dans la maison.)

LE BARON.

Insolente ! Je vous demande pardon, monsieur le comte.. mais la colère...

TANCRÈDE.

Faites donc ! faites donc, baron !

LE BARON, sur le perron.

Mais c'est égal, vous ne m'avez pas encore joué cette fois-ci.

BARBE, dans la maison.

Mes hardes ! mes hardes !

LE BARON.

Attends, va ! je vais te les donner tes hardes. (Il rentre dans la maison.)

2.

TANCRÈDE.

Allons, c'est un espion de moins : mon stratagème a réussi... Le baron est furieux contre la duègne, la duègne est furieuse contre le baron... Voilà un bon commencement et si le reste... Ah ! mon Dieu ! quel est ce grotesque...

SCÈNE IX

TANCRÈDE, AJAX, DEUX PORTEURS avec une malle énorme toute jaune et historiée de fleurs et de perroquets à tons criards.

AJAX.

Doucement donc ! doucement ! vous allez chiffonner mes habits de noces, maroufles ! (Il cherche la maison.)

TANCRÈDE, à part.

Eh ! c'est le futur ! (Haut.) Je vois, monsieur, que vous cherchez sans doute...

AJAX, l'arrêtant.

Monsieur... êtes-vous gentilhomme ?

TANCRÈDE *.

Oui, monsieur !... quoique intendant de M. le baron de Hocquincourt, dont voici la maison.

AJAX.

En ce cas, je puis vous remercier, monsieur.

TANCRÈDE.

Point du tout, monsieur, je fais mon devoir... Doucement donc !... Des habits tout neufs, n'est-ce pas ?

AJAX.

A peine portés ! monsieur ! une occasion unique ! Le jus-taucorps, le haut-de-chausses et le pourpoint de satin bleu. Le tout de rencontre, et pour un prix auquel vous ne voudriez pas croire.

TANCRÈDE.

Vraiment ?

AJAX, aux Porteurs qui secouent la malle.

Doucement ! là, doucement !

PREMIER PORTEUR.

Où faut-il porter cela, monsieur ?

AJAX.

Attendez !... quel prix m'avez-vous fait ?

DEUXIÈME PORTEUR.

Deux pistoles, monsieur ! jusqu'à la maison.

* Tancrède, Porteurs, Ajax.

AJAX.

Jusqu'à la maison! bien! Laissez la malle là. (Il la fait mettre au milieu de la scène.) Et partagez-vous cette pistole!...

PREMIER PORTEUR.

Eh bien, et l'autre?

AJAX*.

L'autre?

PREMIER PORTEUR.

Ce n'est pas une pistole, mais deux qui nous sont dues.

AJAX.

Deux pour porter jusqu'à la maison!.. mais jusqu'ici!... ce n'est qu'une...

TANCRÈDE.

Évidemment!

LES PORTEURS, murmurant.

Oh!

TANCRÈDE.

Chut!... tenez!... (Il leur jette une pistole à la dérobée.)

PREMIER PORTEUR.

Merci, monsieur. (Haut.) En voilà encore un chien de provincial! (Ils sortent.)

SCÈNE X

AJAX, TANCRÈDE.

AJAX, quand ils sont partis.

Qu'est-ce que c'est?

TANCRÈDE.

N'y prenez pas garde!

AJAX.

C'est que je leur apprendrai, moi!

TANCRÈDE.

Je n'en doute pas, mais laissons cela! je vous prie! Je suis comme je vous l'ai dit intendant du baron de Hocquincourt et je ne vous demande pas, monsieur, si, vous êtes l chevalier Ajax!...

AJAX.

Ajax de Hautefeuille.

---

* Ajax, Porteurs, Tancrède.

TANCRÈDE.

De Hautefeuille? Je vous ai reconnu tout de suite à la réputation qui vous est faite.

AJAX.

Ah! ah! on a déjà parlé de moi?

TANCRÈDE.

Ah! d'une façon qui vous étonnerait bien.

AJAX.

Vraiment!

TANCRÈDE.

Votre future surtout ne tarit pas.

AJAX.

C'est charmant!

TANCRÈDE.

Ah! je vous félicite, monsieur! — vous aurez là une femme, un trésor!...

AJAX.

Oui, la dot est assez!...

TANCRÈDE, avec amour.

Il n'y a pas mieux qu'elle, monsieur!

AJAX.

Oh! pardonnez-moi!

TANCRÈDE.

Non, monsieur, non !

AJAX.

Si! si!... Elle pourrait être plus ronde!...

TANCRÈDE, étonné.

Plus ronde! Et pourquoi voudriez-vous qu'elle fût plus ronde, monsieur?

AJAX.

Pourquoi!

TANCRÈDE

Ne l'aimez-vous pas mieux comme elle est.. diaphane, impalpable!

AJAX.

Impalpable! ma foi, je ne pense pas comme vous, moi, et plus il y a à...

TANCRÈDE.

Et de quoi diable parlez-vous?

AJAX.

De la dot!

TANCRÈDE.

Eh! je vous parle de votre future!

AJAX.

Ah! ma future!... Bon! bon, ronde ou plate, cela m'est égal!

TANCRÈDE.

Quelle brute!... et je laisserais épouser!... oh! non! tant que j'aurai un souffle de vie!...

AJAX.

Ah çà, si j'entrais, moi? (Il va pour frapper; on entend au même instant la voix du baron et celle d'Olivette qui se disputent.)

SCÈNE XI

Les Mêmes, OLIVETTE.

AJAX.

Oh! oh! il ne paraît pas de très-bonne humeur, mon futur oncle.

LE BARON, dedans.

Bon voyage! vieille folle!

OLIVETTE.

Au diable! vieux fou! (Elle sort encapuchonnée de la mante de Barbe.)

TANCRÈDE, la prenant pour Barbe.

Pauvre fille, c'est bien le moins que je la récompense... (Olivette vient à lui et lève sa mante en riant. Reconnaissant Olivette.) Olivette!

OLIVETTE, éclatant de rire

Eh! oui, Barbe est restée pour nous servir au besoin, et je suis sortie pour me concerter avec vous...

TANCRÈDE.

Bravo! l'important... c'est que j'entre dans la maison... mais comment?

OLIVETTE, se retournant et apercevant Ajax qui sue et souffle sur sa malle qu'il cherche à pousser vers la porte.

Qu'est-ce que c'est que ça?

TANCRÈDE.

Ça, c'est Ajax!

OLIVETTE.

Le futur?

AJAX, épuisé.

Ventre de loup! je n'en viendrai jamais à bout!

TANCRÈDE.

Il s'agit d'occuper cet imbécile à la porte et d'attirer ici le baron.

OLIVETTE.

Mais comment?

TANCRÈDE.

Laisse-moi faire, et observe seulement la fenêtre pour m'avertir dès qu'il paraîtra! Le moindre bruit va l'attirer... et le baron dehors, le reste me regarde.

AJAX, épuisé, s'asseyant sur sa malle.

Ah! j'y renonce, je vais appeler.

TANCRÈDE *.

Eh! mon Dieu! c'est donc pour la traîner, tout ce que vous en faites?

AJAX.

Parbleu! croyez-vous que ce soit pour mon amusement?

TANCRÈDE.

Je croyais que c'était un exercice... au sortir de voiture pour vous détirer les bras...

AJAX, piteux.

Non! c'est pour la faire entrer!

TANCRÈDE.

Que ne le disiez-vous! je me ferai un plaisir de vous aider!... mais je vous conseille d'attendre encore quelques instants...

AJAX.

Ah!

TANCRÈDE.

Oui, vous l'avez entendu vous-même... le baron est...

AJAX.

Oui, un peu contrarié.

TANCRÈDE.

Dites exaspéré... c'est un homme... c'est un tyran...

OLIVETTE, pleurant sur le banc.

Un tyran!

AJAX, effrayé.

Ah! mon Dieu!...

* Olivette, Ajax, Tancrède.

TANCRÈDE.

Oui, un tyran d'étiquette... et sa colère contre cette pauvre fille vient de ce qu'elle a une tache d'huile à son vertugadin.

OLIVETTE, se levant et lui montrant sa jupe.

Oui, monsieur, une toute petite.

AJAX, après avoir inutilement regardé.

Ah! diable! mais alors, croyez-vous que ma mise soit assez...

TANCRÈDE.

Oh! du dernier galant!

SCÈNE XII

OLIVETTE, TANCRÈDE, AJAX, puis LE BARON et DIANE.

TRIO.

OLIVETTE, à Ajax.

Quels beaux habits!

TANCRÈDE, à Ajax.

Quel beau maintien!

OLIVETTE.

Voilà!... voilà comme on s'habille!

AJAX, à Olivette.

Savez-vous qu'il paraît fort bien...
(A Tancrède.)
Savez-vous qu'elle est très-gentille!

OLIVETTE et TANCRÈDE.

Il est charmant!
Vraiment!...

AJAX, à Tancrède et Olivette.

Les aimables paroles!
Vous ne pourrez jamais le croire en vérité...
Ces hauts-de-chausses m'ont coûté,
Tout bien compté...

TANCRÈDE et OLIVETTE.

Voyons? voyons?

AJAX, très-haut.

Douze pistoles!

TANCRÈDE et OLIVETTE.

Aussi votre mise est d'un goût!
(Tancrède regarde toujours si le baron, paraît attiré par leurs voix.)

AJAX.

C'est ce que l'on me dit partout!

ENSEMBLE.

TANCRÈDE, OLIVETTE.	AJAX.
Ah ! la sotte tournure !	En voyant ma tournure,
Il n'a pas sur l'honneur,	Mon air de grand seigneur
Un air de grand seigneur,	Mon esprit, ma valeur,
Ah ! quelle épaisse allure !	Mon élégante allure,
Quand on l'apercevra,	Ma grâce... et *cœtera*,
Chacun répétera,	Chacun approuvera,
Quelle triste figure !	Le choix de ma future.

OLIVETTE et TANCRÈDE, à part.

Baron ! baron !
Pour Dieu montrez-vous donc !

AJAX.

Et ma dentelle,
Vous convient-elle ?

OLIVETTE, à Tancrède.

Voyez, monsieur, comme elle est belle !

AJAX.

C'est moi qui l'ai choisie.

TANCRÈDE.

Eh bien, je m'en doutais !

AJAX.

A la mettre aujourd'hui, franchement j'hésitais.

TANCRÈDE.

Ce n'est point une bagatelle !

AJAX, à Tancrède.

Que dites-vous de ce pourpoint ?

TANCRÈDE.

L'étoffe en est superbe...

OLIVETTE.

Il ne me déplaît point.

AJAX, piqué.

Il ne me déplaît point !... Cette fille est candide !

TANCRÈDE.

La coupe en est charmante.

OLIVETTE.

Et la couleur splendide !...

AJAX, très-haut.

Et ce qui vaut bien mieux la trame en est solide.

TANCRÈDE et OLIVETTE à part.

Baron ! baron !
Pour Dieu montrez-vous donc !

REPRISE DE L'ENSEMBLE.

Ah! la sotte tournure,
    Etc., etc.

(Le baron paraît à la fenêtre du premier étage dont il s'apprête à fermer la grille comme au rez-de-chaussée.)

OLIVETTE, à Tancrède, abrités tous deux par l'angle du mur.

Monsieur!... le voilà! le voilà!

TANCRÈDE, à Olivette, de même.

Fais en sorte
Qu'il sorte...

OLIVETTE, à Tancrède.

Je saurai l'y forcer :
Ses oreilles vont se dresser !

LE BARON, à la fenêtre, parlé.

La duègne avec Ajax!... diable!... (Tancrède se retire à gauche derrière l'arbre.)

OLIVETTE, avec une voix de duègne, à Ajax, très-haut.

Vous venez donc, monsieur, quérir en mariage,
La nièce du baron ? — C'est une fille sage,
    Et dont le cœur est pur,
Vous l'obtiendrez... je crois... le fait n'est pas bien sûr :
    Quant à la dot, je vous engage
    A ne point y compter du tout !...

LE BARON, à la fenêtre.

Où veut-elle en venir ? Écoutons jusqu'au bout.

OLIVETTE.

AIR :

Je sais par cœur toute la vie
    De ce baron,
Et de parler j'ai grande envie,
    Car j'en sais long !
A peine au monde, à son visage
    On voyait bien
Qu'il ferait un mauvais usage
    De son bien,
    Comme un vaurien !...

(Le baron lève les mains au ciel, Tancrède de loin applaudit à Olivette.)

Avec des gueux, sans sou, ni maille,
    S'émancipant,
On le voyait faisant ripaille,
    Le sacripant !

(Même jeu.)

Il sait parler tous les langages,
Il prie et menace au besoin,
Il n'a jamais payé mes gages,
Qu'en à-comptes, de loin en loin.

3

Quand vous voudrez parler pistoles,
Il s'en ira,
C'est en douceurs, c'est en paroles,
Qu'il vous payera,
Ce monstre-là !...

LE BARON, toujours à la fenêtre, furieux.

Ah ! c'est trop fort, je vais descendre,
Et la rouer de coups.

(Il disparaît.)

OLIVETTE, à part.

Tant mieux pour nous,
Il voudra me surprendre,
Il sortira,
Me poursuivra...

TANCRÈDE.

Et Tancrède aussitôt dans la place entrera !

(Il disparaît dans le massif à gauche.)

OLIVETTE, à Ajax.

Cachez-vous vite, le voici !

AJAX.

Merci ! merci !

(Il se sauve.)

LE BARON, sur la scène, poursuivant Olivette avec sa canne.

Ah ! duègne de Satan !...

OLIVETTE, fuyant à gauche derrière l'arbre.

Pardon !

LE BARON.

Horrible vieille !...

Je t'écoutais...

OLIVETTE, courant autour de la malle.

Pardon !

LE BARON.

Bavarde sans pareille !

OLIVETTE.

Eh ! quoi, pour quelques mots ?

LE BARON, la poursuivant.

Ah ! Je vais te casser ma canne sur les os !

(Ils disparaissent tous les deux à gauche sous les arbres.)

TANCRÈDE, sortant du massif, traverse le théâtre et se dirige vers la
porte de la maison que le baron a laissée ouverte ; il a repris son
manteau et son chapeau.

L'amour me transporte !
Le baron s'emporte...
Il m'ouvre sa porte,

C'est délicieux !...
Tout est pour le mieux !

(Il entre dans la maison.)

AJAX, sortant à son tour de sa cachette.

Quelle humeur exécrable !
Je tremble d'aborder ce baron redoutable,
Qui paraît si fort irrité !

LE BARON, redescendant le théâtre, essoufflé.

Pardon... c'est vous, monsieur de Hautefeuille,
Excusez-moi, je vous accueille,
Étrangement en vérité !...

(Saluant.)

Je suis confus...

AJAX, de même.

Je suis flatté !

LE BARON.

Tout mon logis est en liesse !
Venez, ô futur de ma nièce !
Embrassons-nous !...

(Pendant ce temps-là Olivette reparaît au fond de la scène sans la cape de vieille, et se dirige vers la maison sans être vue par le baron.)

AJAX.

Avec plaisir.

(Ils s'embrassent, Olivette leur envoie un baiser et rentre.)

LE BARON.

Entrons !

AJAX.

Entrons chez vous !

LE BARON, avec courtoisie.

Chez vous...

(Les valets paraissent et prennent la malle.)

DIANE, OLIVETTE, TANCRÈDE, chacun à une fenêtre, Diane et Olivette, au rez-de-chaussée.

La triste figure !...

TANCRÈDE, au premier.

Charmante aventure !...

DIANE, regardant Ajax.

Chacun s'en moquera,
Chacun dira :

ENSEMBLE.

DIANE.	OLIVETTE.
La sotte tournure !	La triste figure !
TANCRÈDE.	LE BARON.
Charmante aventure!	Aimable tournure !

AJAX.
Voyons la future !

(Le baron et Ajax restent encore à la porte, pendant la ritournelle et font assaut de politesse, voulant chacun entrer le dernier. Enfin Ajax passe le premier.)

ACTE DEUXIÈME

Un salon dans la maison du baron. — A gauche, premier plan, la chambre de Diane, avec portière. — Deuxième plan, une cheminée ; à droite, premier plan une porte. — Deuxième plan, une fenêtre ; au troisième plan, autre porte ; au fond, porte d'entrée ; entre les deux, un bahut. — De l'autre côté, un dressoir ; devant la cheminée, à gauche, une table, un escabeau, un fauteuil à dossier très-élevé ; même fauteuil à droite. — Sur la tapisserie, armes, portraits, etc.

SCÈNE PREMIÈRE

DIANE, seule.

Non, malgré la colère de mon tuteur et la promesse qu'il a faite à cet inconnu ridicule... je sens que tout n'est pas désespéré... jamais d'ailleurs je n'épouserai un autre que celui que j'aime... Est-il donc vrai que je l'aime... et que cet amour s'est emparé de mon cœur, par surprise et presque malgré moi...? Oui, c'est de l'amour, j'ai peine à me l'avouer tout bas... et pourtant nous avons à peine échangé quelques regards, quelques paroles, il lui a suffi de paraître pour triompher de ce cœur... Pourquoi lui et pas un autre ?... pourquoi cet amour si prompt... et pourquoi tant de douceur à ne pas m'en défendre?...

AIR :

Je veux savoir pourquoi mon cœur l'adore !...
Est-il besoin de me le dire encore,
Et peut-on demander comment
Naît au cœur pareil sentiment ?

Ma pensée
Caressée
Par l'amour
Vers lui s'envole !
Je le dis sans détour,
Sa parole
Et ses yeux,
Tout m'enchante ;
Sa voix touchante
Et son air gracieux.

Je vois, je sens pourquoi mon cœur l'adore,
Est-il besoin de me le dire encore !

Charmant amour,
Toi par qui tout respire,
Avant la fin du jour
Viens nous sourire !

SCÈNE II

DIANE, BARBE, qui ouvre la porte de droite avec précaution.

DIANE.

Mais j'entends quelqu'un... Lui déjà?... non, c'est Barbe...
tu peux entrer, je suis seule.

BARBE.

A la bonne heure... car si votre oncle me savait ici !...

DIANE.

Quelle nouvelle?

BARBE.

Mauvaise, madame, mauvaise... le futur entre dans la
maison !

DIANE.

Qu'il vienne... je ne l'épouserai pas, entends-tu !

BARBE.

A la bonne heure... voilà les sentiments où je veux vous
voir !

DIANE.

Non !... j'aimerais mieux m'enterrer dans un couvent pour
le reste de ma vie.

BARBE.

Bon ! bon... nous n'aurons pas besoin d'en venir au couvent... je suis là, moi !

DIANE.

Aimer quelqu'un et se voir sacrifiée à un autre.

BARBE.

Quelle indignité... une fille faite comme vous, à ce rustre,
à ce butor... mort de ma vie ! on lui en donnera !

DIANE.

Et quant à mon oncle... !

BARBE.

Ah !... celui-là c'est un monstre... et je veux qu'il en crève
de dépit ; mais quand je pense que vous gémissez d'un mari

de trop qu'on vous donne, et que depuis vingt ans je me lamente de n'en pas trouver un tout petit.

DIANE.

Ah ! que ne puis-je te donner celui-là !

BARBE.

Et si je vous prenais au mot ?

DIANE.

Que veux-tu dire ? .

BARBE.

Au fait, il ne vous a pas vue... il ne vous connaît pas !... quelle idée !

DIANE.

Mais, dis-moi !...

BARBE.

Rien ici ; j'entends M. le baron qui monte l'escalier, mais dans votre chambre.

DIANE.

Explique-moi...

BARBE.

Venez ! venez ! vous dis-je !... Les voici !... et vous seriez forcée d'embrasser votre futur !

DIANE.

Oh ! jamais ! (Elle se réfugie chez elle.)

SCÈNE III

LE BARON, AJAX, Les Laquais, portant la malle.

LE BARON *.

Par ici, chevalier, par ici !

AJAX.

Voilà votre appartement ?... Ah ! de beaux meubles, baron... De beaux et bons meubles ! Allons, tant mieux !... tout ça me reviendra !...

LE BARON.

Comment, cela vous reviendra ?

AJAX.

J'espère !

* Le baron, Ajax.

LE BARON.

Mais je n'espère pas, moi! — voilà une belle introduction·

AJAX, riant.

Eh! eh! ne vous fâchez pas, baron. — Qu'en voulez-vous faire, quand vous ne serez plus de ce monde ? (Il remonte vers sa malle que les valets ont déposée près du paravent à gauche derrière le fauteuil.)

LE BARON, saisi.

Est-ce que mon futur neveu serait un cuistre?

AJAX, aux laquais.

Là! c'est bien!... M. le baron vous comptera cela dans vos étrennes! (Les laquais se retirent.)

LE BARON, de même.

Voyez s'il parlera seulement de sa future femme?

AJAX, descendant, à part *.

Je meurs de faim!... (Haut.) Ah çà! baron, maintenant je vous avoue que je me sens un appétit!... une soif!...

LE BARON, vivement.

De la voir!... enfin!... Je me disais au même instant : comment ne m'en parle-t-il pas?

AJAX.

Je n'osais pas tout d'abord !...

LE BARON.

Eh bien, mon cher neveu, soyez certain d'avance que vous n'avez jamais rien vu de tel!... vous allez être servi à souhait, et je puis vous dire, sans vanité, que vous aurez là un régal de prince!

AJAX, enchanté et croyant qu'il parle du souper.

Vraiment?

LE BARON.

Ah! ah! à votre âge, vive Dieu! je n'en aurais fait qu'une bouchée!

AJAX, se frottant les mains.

Ah! je m'en acquitte bien aussi!...

LE BARON.

Vous allez voir dans la manière seule dont elle est accommodée, quel parfum de noblesse!... quel goût délicat et relevé!...

* Ajax, le baron.

AJAX, humant l'air avec joie.

Ah! ah!...

LE BARON.

Une main et des cheveux!..

AJAX, saisi.

Eh!

LE BARON.

Je dis des cheveux!...

AJAX.

Ah çà! de quoi diantre me parlez-vous, baron?

LE BARON.

Eh! parbleu! je vous parle de ma nièce!

AJAX.

Eh! je vous parle du souper, moi!

LE BARON.

Quoi, cette soif ardente!... cet appétit!... c'est de boire et de manger?...

AJAX.

Mais, dame!

LE BARON, stupéfait.

Voilà d'un beau galant! vous pensez à souper avant de voir votre femme?

AJAX.

Je la verrai tout aussi bien en soupant!

LE BARON.

Bien! bien! (Il sonne.) Décidément c'est un cuistre! mais il a ma parole!... (A un laquais.) Qu'on aille querir ma nièce chèz elle, et... (Il s'arrête et recule.) Non, ne bougez pas... n'entendez-vous pas aboyer?

AJAX.

Aboyer!...

LE BARON.

Oui. (A lui-même.) On doit chercher à escalader le mur de mon jardin!... (Aux laquais.) Suivez-moi!

AJAX.

Vous me laissez?

LE BARON.

Je reviens! je reviens! (A part) Je vais semer du verre sur la crête du mur; c'est un oubli!

AJAX.

Mais!...

LE BARON.

Je reviens! je reviens! (Il se sauve avec les laquais.)

3.

SCÈNE IV

AJAX, puis TANCRÈDE.

AJAX.

Ah çà ! et le souper !... on ne soupera donc pas ? Je vais profiter de ce que je suis seul pour voir un peu dans quel état est ma garde-robe. (Il ouvre la malle et regarde sans voir Tancrède.)

TANCRÈDE, ouvrant la première porte à droite, sans voir Ajax.

Enfin !... c'est une porte !... voilà une demi-heure que je m'égare, que je me cogne et me heurte de tous côtés... tâchons de nous orienter et de ne pas être vu !

AJAX, sans le voir regardant son habit de noce.

Est-ce fripé, mon Dieu !... est-ce fripé !

TANCRÈDE, s'arrêtant.

On a parlé !... (Il aperçoit Ajax.) Ah ! (Il ferme la porte vivement.)

AJAX, sautant.

Hé !... qui va là ?... (Il ferme la malle.)

SCÈNE V

AJAX, BARBE, TANCRÈDE, caché.

BARBE, sortant au même instant de la chambre de Diane avec le voile et la guimpe de sa maîtresse, à part.

Seul !... l'occasion est bonne !

AJAX, sans la voir, allant du côté où est caché Tancrède.

C'est de ce côté-là !

BARBE, à part.

Il s'en va ! (Elle tousse.)

AJAX, l'entendant.

Non, c'est de ce côté-ci !... (Il se retourne et aperçoit Barbe qui lui fait la révérence.) Une femme ! la nièce !... ma future !

BARBE, écartant son voile.

Elle-même, seigneur Ajax !

AJAX, effrayé de son visage et tombant assis sur le fauteuil de droite.

Sangodémi !... on prévient au moins !...

BARBE, minaudant.

Vous êtes surpris ?

AJAX.

Oui !.. oui !... je suis un peu surpris !... le premier moment, vous concevez... mais... je tâcherai de m'y faire.

BARBE, minaudant.

Moi-même, à votre vue... ah! chevalier, jamais je n'ai été plus frappée !

AJAX, debout.

Moi, madame, vous m'en voyez encore foudroyé !

BARBE.

Et si vous en doutez, Ajax, regardez-moi !...

AJAX.

Non, madame !

BARBE.

Regardez-moi !

AJAX.

Non, madame, je me connais ! la vue de ce visage !... de ces yeux !... de ce menton !... non !... ce sera bien assez de contempler tout cela, quand nous serons mariés...

BARBE.

Mariés !... ah ! fi ! seigneur Ajax, pouvez-vous parler ainsi brutalement à une pauvre jeune fille, et sans ménagement aucun, d'un événement si mystérieux et si doux !...

AJAX.

Mais pourtant, charmante dame...

BARBE.

Où avez-vous vu qu'un gentilhomme bien né épousât ainsi la dame de ses pensées, bourgeoisement, platement, sans courir mainte aventure et sans soupirer pour elle de longues années ?

AJAX.

Bien ! bien ! mais croyez-moi, belle dame, n'attendez pas !... il n'est que temps !

BARBE.

Quoi ! ni langueurs cachées... ni soupirs nocturnes, ni l'enlèvement final ?

AJAX, étonné.

Vous voulez que je vous enlève ?

BARBE.

Mais sans doute, comme dans les romans de chevalerie, et ce soir même...

AJAX.

Ce soir !

BARBE.

Après quoi nous viendrons demander le consentement de mon oncle !... Et ce sera délicieux.

AJAX.

Mais !...

BARBE, changeant de ton.

Ah! chevalier !... j'ai fait serment... (elle le fait reculer jusqu'à l'extrême gauche) de ne jamais prendre pour mari que l'amant qui m'enlèverait!... tenez-vous-le pour dit, et si vous ne consentez pas, adieu la femme, le mariage et la dot!

AJAX *.

La dot! — Je vous enlèverai, belle dame, je vous enlèverai !

BARBE.

A la bonne heure! et maintenant demandez-moi pardon, Ajax, et donnez-moi un baiser !

AJAX, effrayé.

Sur la joue?

BARBE.

Pas encore! (Elle lui tend sa main.) Mystère et prudence... (Ajax à genoux pousse un soupir, se résigne et baise la main.)

TANCRÈDE, ouvrant doucement la porte du cabinet.

Ah çà! voilà une heure que j'entends un murmure de paroles; qui diable?... (Il aperçoit Ajax baisant la main de la duègne qu'il prend pour Diane.) Ah ! qu'est-ce que je vois?

LE BARON, dehors.

C'est bien! faites bonne garde !

BARBE, couvrant son visage.

Ciel! mon oncle !

TANCRÈDE, à part.

Son oncle!... c'est bien elle !

BARBE.

Après ce qui vient de se passer!... l'émotion!... non! non! je ne pourrais soutenir sa vue! au revoir, mon Ajax, au revoir!... (Elle entre dans la chambre de Diane.)

TANCRÈDE.

Au revoir!... ah! perfide!...

AJAX, se relevant.

Au revoir!... Voilà qui sera dûr! c'est de la revoir !

SCÈNE VI

AJAX, LE BARON.

LE BARON, entrant.

Rien!... j'avais bien cru entendre aboyer mon chien!

* Barbe, Ajax.

Eh bien, jeune homme!... Eh bien, tout seul... et ma
nièce?

AJAX.

Je l'ai vue, monsieur le baron; je l'ai très-bien vue!

LE BARON.

Ah! ah! elle est venue, la petite friponne!

AJAX.

Oui, oui, elle est venue... la petite friponne!

LE BARON.

Et l'avez-vous apprivoisée?

AJAX.

Je l'ai apprivoisée!... oui!

LE BARON.

Allons! je suis content de la voir tout à fait raisonnable!

AJAX.

C'est de son âge, monsieur le baron!... elle a vraiment
l'âge de raison!...

LE BARON.

Oui, oui, c'est une fille plus mûre que ses pareilles.

AJAX.

Tout à fait mûre!

LE BARON.

Allons, quel âge lui donnez-vous bien?

AJAX.

Euh! euh! que vous dirai-je?

LE BARON.

Allons, dites un peu!

AJAX.

Elle a évidemment passé la vingtaine!

LE BARON.

Vous vous moquez, elle a dix-huit ans à peine!

AJAX.

Dix-huit ans!

LE BARON.

Plutôt moins que plus! — j'étais sûr que vous en seriez
étonné.

AJAX.

Dites stupéfait! je lui trouvais, moi, un air de... un air,
comment dire?

LE BARON.

De famille !... un air de famille...

AJAX.

Précisément, je l'aurais prise pour un portrait de famille !... un vrai portrait... de...

LE BARON.

Parbleu ! c'est le portrait vivant de sa grand'mère !

AJAX.

C'est justement ce que je voulais dire !

LE MAJORDOME, paraissant au fond, sa baguette blanche à la main, avec quatre laquais porteurs de flambeaux, deux pages qui portent chacun une aiguière et du linge, et deux autres qui tiennent des plateaux.

Monsieur le baron est servi !

LE BARON.

Bien ! bien ! dites à ma nièce que nous l'attendons pour passer dans la salle à manger !...

OLIVETTE, sur le seuil de la porte de Diane.

Pardon, monsieur le baron, madame est un peu indisposée et vous prie de la dispenser de paraître à table, ce soir.

LE BARON.

Indisposée !

OLIVETTE.

Oui, monsieur !

AJAX inquiet, à part.

Est-ce qu'on ne souperait pas ?

LE BARON, à lui-même.

Ouais, cette indisposition nous est venue bien vite !... Cacherait-on quelque chose ?

OLIVETTE.

Que dirais-je à madame ?

LE BARON.

Dites-lui que nous souperons sans elle !

AJAX, soulagé.

C'est ça ! (Olivette disparaît.)

LE BARON.

Cette fille ne m'inspire aucune confiance ; mais j'ai toutes les clefs, mes gens font partout sentinelle !... Ce Tancrède est loin ! que puis-je craindre ?... Allons, à table !... à table, chevalier ! et voyons si vous êtes bon convive ! (Il retire ses bagues qu'il dépose dans le plateau d'argent que lui présente un page et tend la main à l'autre page qui verse quelques gouttes d'eau ; même jeu à droite par Ajax ; musique.)

AJAX.

Oh ! excellent... baron... même pour chanter au dessert.

LE BARON.

Vous chantez ?....

AJAX.

Admirablement !... Et il me suffit d'entendre un air une seule fois pour le retenir... et l'agrémenter de broderies tout à fait galantes...

LE BARON.

Oui-da... les airs nouveaux qui ne sont que fariboles, mais si je vous chantais certain air de mon jeune temps...

AJAX.

Gageons que je le connais !... anciens ou modernes, je les ai tous chantés !...

LE BARON.

Oh ! oh !

AJAX.

De quelle façon commence-t-il ?

LE BARON, fredonne.

Dans un...

AJAX, vivement.

Je le connais...

LE BARON.

C'est un peu téméraire !

Dans un ménage !...

AJAX, achevant.

Tout est d'abord charmant.

Je le connais, vous dis-je, et si vous voulez juger de mon mérite... commencez... Vous allez entendre de petits contre-points de ma façon ! Quel organe !... quel goût !... quel art !...

LE BARON.

Nous allons bien voir !...

CHANSON.

LE BARON.

Dans un ménage
Tout est d'abord charmant !

AJAX, l'interrompant.

L'amour fait rage,
Puis l'on ne sait comment....

LE BARON.

Au doux ramage....

AJAX.

Succède brusquement...

LE BARON.

Les fureurs de l'orage !

ENSEMBLE.

Des soucis, beaucoup d'embarras,
D'enfants sur les bras...
Des larmes
Sans charmes !

Il faut donc, quand on est chagrin,
Demander au vin,
Sans cesse,
L'ivresse.
O vieux vin ! ta douce liqueur
Des tourments du cœur
Efface
La trace.

REPRISE.

Dans un ménage !...
Etc.

LE BARON.

Comment diable ! mais c'est parfait !

AJAX.

Je vous le disais bien !

LE BARON.

Mais vous avez là un véritable talent d'improvisation.

AJAX.

Il ne tiendra qu'à vous de l'éprouver... à table surtout.

LE BARON et AJAX.

A table ! à table ! (Ils sortent bras dessus, bras dessous, en chantant.)

Au doux ramage,
Succèdent brusquement
Les fureurs de l'orage.

(Ils se saluent sur le seuil et disparaissent.)

SCÈNE VII

DIANE, OLIVETTE, BARBE, TANCRÈDE. A mesure que le baron et Ajax remontent la scène, Olivette soulève la tenture de la porte de Diane. Les deux femmes paraissent et remontent en écoutant.

TANCRÈDE, entrant vivement par la droite.

Enfin !

DIANE, à sa vue.

Ah ! vous voilà !

TANCRÈDE.

Oui, me voilà, perfide, ingrate!... pour vous confondre et pour vous dire que je renonce à mon indigne passion.

OLIVETTE *.

Et quelle mouche vous pique ?

DIANE, riant.

Ah ! je devine... laissez-moi vous dire...

TANCRÈDE.

Eh ! que me direz-vous pour vous défendre ? Quoi! aujourd'hui même... une heure à peine après m'avoir bercé de l'espoir le plus doux et quand mon cœur est encore tout frémissant de vos serments de constance et d'amour!

DIANE.

Mais, laissez-moi...

TANCRÈDE.

Mais j'étais là, vous dis-je, j'étais là !... Et si je n'ai pas tout entendu, j'ai tout deviné!...

DIANE.

Mais quoi ?

TANCRÈDE.

Vous le demandez ?

OLIVETTE.

Nous avons ce front !

TANCRÈDE.

Je ne vous ai pas vue là, avec ce fat ridicule et grotesque que vous souffriez à vos genoux !

DIANE.

Moi ?

TANCRÈDE.

Et vous ne lui avez pas abandonné votre main, qu'il couvrait de baisers !

DIANE, s'effaçant pour laisser paraître Barbe qui sort de sa chambre.

Perdez-vous l'esprit ?

TANCRÈDE.

Oui, je le perds !... je le perds ! quand je vois!... (Il aperçoit la duègne.) Quand je vois!... Grand Dieu!... cette robe, cette coiffure... (La reconnaissant.) Miséricorde!... c'était Barbe !... je suis un fou. (Il tombe à genoux.) Pardonnez-moi!

DIANE.

Oh ! vous mériteriez bien!... (Barbe revient et surveille.)

* Diane, Tancrède, Olivette.

OLIVETTE, les séparant.

Oui, oui, oui, vous le gronderez plus tard ; pour le moment il s'agit d'enlever madame, si vous ne voulez pas que nous épousions M. le chevalier et sa malle.

DIANE.

Jamais !

TANCRÈDE.

Jamais !

OLIVETTE.

Parlons peu et bien ! il s'agit de sortir !...

TOUS.

Oui !

OLIVETTE.

Et pour cela il faut les clefs ; car toutes les portes sont closes.

TOUS.

Oui !

OLIVETTE.

Et c'est M. le baron qui les a sur lui !

TOUS.

Oui !

OLIVETTE.

Il faut donc se les procurer !...

TANCRÈDE, vivement.

C'est mon affaire !

OLIVETTE, de même.

C'est la mienne... Et dès que vous verrez le trousseau dans mes mains, descendez avec madame, sans perdre de temps... j'ouvre la porte, vous vous envolez... et le tour est joué... Est-ce compris ?...

TOUS.

Oui !

BARBE, qui veille au fond.

Sauve qui peut !... Voici Calendrin ! (Elle se sauve par la deuxième porte à droite.)

TANCRÈDE.

Au diable ! s'il me voit, tout est perdu !

OLIVETTE, montrant à Tancrède le cabinet.

Ici, monsieur le comte ; chez vous, madame ! je me charge de vous débarrasser de cet imbécile !...

CALENDRIN, en dehors.

Olivette !...

OLIVETTE.

Vite !... vite !... le voilà ! (Elle prend une pose niaise et tranquille. Tancrède s'est réfugié dans le cabinet, Diane chez elle.)

SCÈNE VIII

OLIVETTE, CALENDRIN.

CALENDRIN, arrivant tout essoufflé.

Olivette!... Olivette! grande nouvelle!

OLIVETTE, naïvement.

Quoi?

CALENDRIN.

Nous les tenons!

OLIVETTE *.

Qui?

CALENDRIN.

Le comte! il est ici! dans la maison!

OLIVETTE, saisie.

Dans la maison!

TANCRÈDE, entre-bâillant la porte.

Diable!

CALENDRIN, à Olivette.

Oui, oui, il faut le surprendre!... Il a profité de mon absence, le finaud, pour s'introduire clandestinement dans la place!

OLIVETTE.

Ah! bah!

CALENDRIN.

Parbleu! le baron et toi, vous ne voyez rien!

OLIVETTE.

Mais comment sais-tu?...

CALENDRIN.

Ah! voici!... j'ai couru après cet inconnu que tu m'avais montré, et qui m'a fait faire deux fois le tour du château!... enfin je rentre essoufflé, épuisé et je vais à l'office pour me rafraîchir, quand je vois à terre dans le corridor quelque chose de blanc que je ramasse!

OLIVETTE.

Un mouchoir?

TANCRÈDE, à part.

Le mien!

CALENDRIN.

Brodé aux armes du seigneur Tancrède!

* Olivette, Calendrin.

OLIVETTE.

Voyez-vous ça !

CALENDRIN.

M. le comte est donc dans la maison ?...

OLIVETTE.

Bon !... c'est le lévrier de madame qui aura trouvé ce mouchoir sous les arbres et qui l'aura apporté en se jouant.

CALENDRIN.

Ta ! ta ! le lévrier est à l'attache depuis ce matin !

OLIVETTE, à part.

Diantre soit du butor !... (Haut.) Comment veux-tu que le comte soit entré sans qu'on l'ait vu ?

CALENDRIN, cherchant autour de lui.

Ah ! voilà... mais j'ai entendu parler de certaine... (Il cherche autour de lui.)

OLIVETTE.

Quoi ?...

CALENDRIN, apercevant la malle.

Juste !... la voilà !... parbleu ! j'y suis !... (Posant un pied sur la malle.) Olivette ! si tu veux savoir ce que c'est que le génie... contemple ton futur mari, ma fille... et dans l'impuissance de l'imiter... admire-le...

OLIVETTE *.

Va !... je t'admire !

CALENDRIN.

Le comte est entré ici, dans cette malle !

OLIVETTE.

Là dedans !

CALENDRIN, ouvrant la malle.

Là dedans !

OLIVETTE.

Allons donc !

CALENDRIN, tirant les vêtements de noces d'Ajax.

Vois si ces vêtements ne sont pas encore tout fripés ?

OLIVETTE.

Bah ! c'est le voyage !... il ne leur faut qu'un peu d'air (Elle les jette sur le dos du fauteuil à droite.)

CALENDRIN, tirant un chapeau.

Je te dis, moi, qu'on s'est assis là-dessus !

OLIVETTE.

Et moi, je te dis qu'un homme ne tiendrait pas là dedans !

* Calendrin, Olivette.

CALENDRIN.

- Il en tiendrait deux !

OLIVETTE.

Pas seulement la moitié d'un !

CALENDRIN.

Si !

OLIVETTE.

Non !

CALENDRIN.

D'honneur, elle est stupide... (Il entre dans la malle.) Tiens, regarde, entêtée, si je ne suis pas à l'aise !...

OLIVETTE.

Oui, comme ça... mais la tête !...

CALENDRIN.

Eh bien, la tête !... tiens, regarde !

OLIVETTE, prenant le couvercle de la malle.

Et tu es bien ainsi ?

CALENDRIN.

Parfaitement !

OLIVETTE.

Alors, restez-y. (Elle rabat le couvercle qui se ferme.)

CALENDRIN, dans la malle.

Finis donc, Olivette !... (Il cogne.) Ouvre-moi !... (Criant.) Au secours ! à l'aide !

OLIVETTE, criant plus fort.

Monsieur le baron !... au secours !... à l'aide ! monsieur le baron !

SCÈNE IX

OLIVETTE, CALENDRIN, dans la malle, LE BARON, AJAX, la serviette au cou ; LAQUAIS.

LE BARON.

Qu'est-ce que c'est ?

OLIVETTE, essoufflée.

Ah! monsieur !.

LE BARON.

Eh bien !

OLIVETTE.

M. le comte Tancrède !

LE BARON.

Tancrède !... Eh bien?...

OLIVETTE.

Dans la malle!

LE BARON.

Dans la malle!

OLIVETTE.

Oui, monsieur; tenez!... tenez!.... l'entendez-vous?

CALENDRIN, dans la malle, se débattant.

Au secours!

LE BARON, ravi.

C'est vrai! je reconnais sa voix! Admirable! c'est admirable!

AJAX, stupéfait.

Je l'aurais amené de Carcassonne!

CALENDRIN, dans la malle.

A moi!

LE BARON, frappant sur le couvercle.

Ah! ah! monsieur le comte!... vous vous introduisez chez moi, dans une malle!...

CALENDRIN, cognant.

Ouvrez donc! Je suis Calendrin!

LE BARON.

Il parle de Calendrin!

OLIVETTE.

Oui, monsieur, il dit que c'est Calendrin qui lui a donné cette idée-là.

LE BARON.

C'est Calendrin! le scélérat!... il aura de mes nouvelles! (Calendrin, rageant, donne des coups de pied.)

AJAX.

Vertuchoux! il va défoncer ma malle!

LE BARON, à Olivette.

Tiens, voilà mon trousseau... va leur ouvrir la porte...

OLIVETTE, agitant le trousseau.

Je les tiens!...

LE BARON, aux laquais.

Enlevez et portez M. le comte chez lui, avec tous les égards dus à sa personne.

AJAX.

Et ma malle? ils vont la défoncer!...

LE BARON.

On vous la rapportera! (Ils sortent tous derrière la malle qu'on emporte en triomphe.)

SCÈNE X

DIANE TANCRÈDE.

TANCRÈDE, sortant de la droite, à Diane.

Ils sont partis !

DIANE, à Tancrède.

Oui !

TANCRÈDE.

Et les clefs ?...

DIANE.

Olivette les a !

TANCRÈDE.

Bien ! elles est en bas, pour nous ouvrir la porte !... des-
cendons sans plus attendre... nous sommes sauvés, et vous
êtes à moi pour la vie...

DUO.

ENSEMBLE.

TANCRÈDE et DIANE.

Partons, venez, quittons ces lieux !
Soyons heureux,
Bonheur, espoir, doux rêve !
Aimez, se voir sans trêve !
Quittons ces lieux,
Jamais aucun orage,
Pas un nuage,
Venez, partons, soyons heureux !
Doux transports ! quelle ivresse !
Oui, toujours la jeunesse
Triomphe avec adresse !
Envolons-nous tous deux !

TANCRÈDE, l'entraînant.

Pourquoi tremblez-vous ? le temps presse !

DIANE, se dégageant de ses bras.

Je dois rester ici !
La crainte me retient au moment de la fuite !

TANCRÈDE.

D'où vient cette frayeur subite?
Avez-vous peur?

DIANE.

Partir ainsi !
C'est me perdre... sans doute,
La ruse est innocente et tout parle pour nous !
Mais ce que je redoute le plus...

TANCRÈDE.

Parlez, parlez... je suis à vos genoux!

DIANE.

C'est vous, mon cher Tancrède!

TANCRÈDE.

Mon cœur viens à mon aide!
Vous m'aimez, ô Diane!... Et vous tardez encore!

DIANE.

Que direz-vous de moi?

TANCRÈDE.

Que vous êtes un ange!

DIANE.

Le devoir, mon amour?...

TANCRÈDE.

Tout mon sang en échange!
Venez! venez!... ô mon trésor!

ENSEMBLE.

Que rien ne nous sépare,
Hâtons-nous, le temps fuit,
Le bonheur se prépare,
Et l'amour nous conduit!

TANCRÈDE l'entraînant.

On peut m'entendre,
Diane, et nous surprendre,
Cessez de vous défendre,
N'attendons pas la nuit!

REPRISE DE L'ENSEMBLE.

Que rien ne nous sépare, etc.

OLIVETTE, accourant par la deuxième porte de droite.

Oh! les amoureux!... les amoureux! mais vite donc! vous êtes encore là?

TANCRÈDE, à Diane.

Venez!... (La porte du fond s'ouvre.) Trop tard! (Diane toute aisie tombe assise, Tancrède se jette derrière le paravent.)

SCÈNE XI.

LES MÊMES, LE BARON, AJAX.

LE BARON, apercevant Diane.

Ah! ah! madame ma nièce, vous voilà!... ce malaise a-t-il cessé?... (Diane se cache le visage dans son mouchoir.)

AJAX, s'avançant en mangeant un biscuit qu'il trempe dans un verre

Oui, ce...

LE BARON.

Taisez-vous, Ajax, vous êtes gris!

AJAX.

Oui, mon oncle!

LE BARON.

Et vous a-t-on dit l'aventure de ce pauvre comte?...
Ah! ah!

AJAX, de même.

Ah! ah!

LE BARON.

Ajax, vous riez niaisement, mon ami; vous riez niaisement... Décidément vous êtes gris!

AJAX.

Oui, mon oncle! (Il passe à droite et rend son verre à Olivette qu'il
lutine.

LE BARON.

Or çà, faisons la paix, mignonne, et m'embrassez!...

DIANE, cachant son visage à cause d'Ajax.

Je vous prie de m'en dispenser, monsieur; je souffre
beaucoup!

LE BARON.

Le mal de dents?

DIANE.

Oui, mon oncle!

LE BARON.

Voyons!

DIANE.

Non, non! je vous prie, le moindre mouvement m'est
insupportable!

LE BARON, soupçonneux.

Ah!

DIANE, se levant.

Et je vous demande la permission d'aller me mettre au lit!..
(Elle fait la révérence comme quelqu'un qui souffre et rentre chez elle.)

LE BARON.

Ouais!... (A part..) Je ne crois pas trop aux maux de dents,
moi! (Haut.) Croyez-vous aux maux de dents, Ajax?...

AJAX, qui s'est assis dans le fauteuil de droite et qui digère avec
béatitude.

Hein?

LE BARON.

Je vous demande si vous croyez aux maux de dents?

AJAX.

Non!

LE BARON, à Olivette qui, pendant ce temps, cherche à gagner la chambre
de sa maîtresse sans être vue.

Olivette!...

OLIVETTE.

Monsieur!...

LE BARON.

Et ce trousseau que vous deviez me rendre !...

OLIVETTE, cherchant à cacher les clefs.

Le trousseau?... mais je ne sais... monsieur.:.

LE BARON.

Vous l'avez à la main!...

OLIVETTE, embarrassée.

C'est vrai, je l'ai !...

LE BARON, lui arrachant les clefs.

Eh! donnez donc! (A lui-même.) Morbleu! cette fille m'au-
rait-elle joué?... On prépare certainement quelque esca-
pade... (A Ajax, le relevant.) Alerte, chevalier, alerte!... je ne
puis bouger, allez querir tous mes gens!...

AJAX, réveillé en sursaut.

Pour souper?...

LE BARON.

Non... rassemblez valets de pied, fauconniers, piqueurs,
veneurs!...

AJAX.

Pour la noce?

LE BARON.

Eh! non!... pour nous défendre!...

AJAX.

Ah! pour nous défendre!... j'y suis... c'est mon affaire...
je vole...

LE BARON.

Vite donc!

AJAX.

Mais, vous voyez bien que je vole!... quelle drôle de
maison!... (Il sort.)

OLIVETTE, à part.

Cela se gâte! (Elle va pour entrer chez sa maîtresse.)

SCÈNE XII

LE BARON, OLIVETTE.

LE BARON.

Où allez-vous?

OLIVETTE.

Offrir mes soins à madame, qui se déshabille!

LE BARON, à part.

Qui se déshabille!... ah! quelle idée!... parbleu!... s'il s'agit de l'enlever!... je l'empêcherai bien de quitter la chambre!

OLIVETTE, sur le seuil de la chambre de Diane.

Ah! monsieur, si vous la voyiez, elle vous ferait pitié! elle tient sa tête d'une main comme cela... et de l'autre elle enlève les épingles une à une!

LE BARON, ironiquement.

Pauvre enfant!

OLIVETTE.

Ne faut-il pas que j'aille l'aider, monsieur?... elle n'a pas la force de se baisser, et sa *modeste* est tombée sur le tapis.

LE BARON.

Sa *modeste*!...

OLIVETTE.

Oui, c'est le nom de la jupe de dessus!... je vais la ramasser avec votre permission.

LE BARON.

Eh bien, oui, ramasse-la, cette *modeste!* et, me l'apporte ici!

OLIVETTE, vivement.

Monsieur a dit?

LE BARON.

J'ai dit de me l'apporter!... ici!

OLIVETTE.

Sa *modeste!* pourquoi? (A part.) Ah!... il veut nous couper la fuite... et madame qui n'a pas d'autres vêtements dans sa chambre!

FINALE.

LE BARON.

Ici, te dis-je..... ici.

OLIVETTE.

Comment... monsieur, comment, vous plaisantez sans doute!...

LE BARON.

Quand je parle, entends-tu, j'exige qu'on m'écoute!

OLIVETTE.

La jupe de madame en ces lieux?... grand merci!...

LE BARON.

Pas de raisonnements?... je veux cette *modeste!*

OLIVETTE, à part.
Malpeste !
L'affaire est en mauvais chemin !

(Elle entre dans la maison.)

LE BARON.

Sera-ce pour demain ?
Sois moins sotte et plus preste !

OLIVETTE, elle rentre avec la première jupe qu'elle place sur l'escabelle.

Voilà ! monsieur, voilà !

LE BARON.

Là ! là ! te dis-je... Eh bien ?... tu n'as pas vu mon geste ?
Tu ne comprends donc pas ?... je te montre mes pieds !

OLIVETTE, prenant l'escabelle.

Si fait... mais... je pensais...

(A part.)
Dieu comme il me regarde !

LE BARON, l'imitant.

Si fait... mais... je pensais... que pensais-tu, bavarde ?

OLIVETTE.

Je pensais que vous vous trompiez !

(Elle place l'escabelle et la jupe près de lui.)

LE BARON.

Point du tout ! point du tout ! — Dépêchons-nous, ma nièce !
Où donc en sommes-nous ?

(Il prend une sonnette sur la table et sonne.)

Olivette !...

(Au même instant Tancrède remonte derrière le paravent, traverse la scène et va se réfugier derrière le fauteuil à droite, où sont les habits d'Ajax.)

LE BARON, sonnant.

Olivette !

OLIVETTE, à la porte.

Voilà !

LE BARON.

Que fait madame !

OLIVETTE.

Elle ôte sa *secrète !...*

LE BARON, étonné.

Sa *secrète !...*

OLIVETTE.

Oui, monsieur !...

LE BARON, souriant.

Sa *secrète !...* parbleu !
Parbleu ! ce joli nom sent fort la bagatelle !...

OLIVETTE.

C'est ainsi qu'on appelle
La jupe du milieu !

LE BARON.

Fort bien... apporte-moi la jupe du milieu !

OLIVETTE.

Vous voulez ?...

LE BARON.

Sur-le-champ !

OLIVETTE.

Vous voulez que j'apporte

La *secrète ?...*

LE BARON.

A l'instant !

OLIVETTE.

Que le diable l'emporte !

LE BARON, tirant le fauteuil de gauche au milieu de la scène près de l'escabeau.

Ainsi la chère enfant prisonnière en ce lieu,
Ne pourra pas franchir la porte !

OLIVETTE, avec désespoir en regardant Tancrède.

Prisonnière en ce lieu !

(Tancrède aperçoit les vêtements d'Ajax sur le fauteuil et fait signe à Olivette qu'il va les lui jeter pour qu'elle les porte à sa maîtresse. Olivette tend la main, il lui jette le pourpoint qu'elle attrape au vol et cache derrière elle en gagnant à reculons la chambre de Diane, où elle la jette à son tour.)

LE BARON.

Je tiens déjà la victoire !
Et le tour a réussi,
Je vois la fin de l'histoire,
Qui sera plaisante aussi ;

ENSEMBLE.

LE BARON.	OLIVETTE, à part,
Oui, je tiens la victoire,	Il n'a pas la victoire,
Le tour a réussi,	Tout n'est pas réussi ;
Et la fin de l'histoire,	Mais la fin de l'histoire,
Sera plaisante aussi.	Sera plaisante aussi.

LE BARON.

Cette *secrète*... allons... j'attends !

OLIVETTE.

Voilà !... je vous entends !

(Elle disparaît chez Diane.)

LE BARON.

Réfléchissons !... les demoiselles
Portaient, toutes, moi, j'en réponds,
Dans mon jeune temps, deux jupons ;
Le changement plaît aux donzelles,
Les fauteuils semblent plus étroits,
Et souvent la mode varie ;

4.

A présent donc, je le parie,
Elles doivent en porter trois !
(A Olivette qui rentre avec la *secrète* qu'elle dépose sur la *modeste*.)
Je veux cette troisième jupe !

OLIVETTE.

La *friponne* ?...

LE BARON.

La *friponne !...* Eh bien soit !
Oui, va pour la *friponne !*
(Même jeu de Tancrède qui jette à Olivette les autres pièces du vêtement
d'Ajax.)

OLIVETTE, à part.

Ah ! l'on me prend pour dupe !

(Haut.)
Jamais monsieur, jamais aucun homme ne voit,
La *friponne !*

LE BARON.

Et puis?...

OLIVETTE.

Quoi ?...

LE BARON.

La guimpe de dentelle !
La robe en brocatelle !...
Je veux tout! je veux tout!...

OLIVETTE.

Monsieur, c'est indécent!

LE BARON.

Non ! c'est fort innocent !

OLIVETTE.

Il croit tenir la victoire,
Mais tout n'est pas réussi ;
Je sais la fin de l'histoire,
Qui sera plaisante aussi.
(Elle va à la porte de Diane.)

LE BARON.

Je tiens déjà la victoire,
Et le tour a réussi,
Je vois la fin de l'histoire,
Qui sera plaisante aussi !

REPRISE DE L'ENSEMBLE.

OLIVETTE.	LE BARON.
Il n'a pas la victoire !	Oui, je tiens la victoire !
etc.	etc.

(Elle entre chez Diane, revient les bras chargés des vêtements de Diane, les
remet sur les bras du baron, y ajoute la *modeste* et la *secrète*, et le baron,
embarrassé de ce linge et aveuglé par les jupes, les porte au fond où il les
enferme dans le bahut. Pendant ce temps, Olivette remonte le fauteuil
et Tancrède passe vivement à gauche, où il jette à Diane le chapeau
d'Ajax que Calendrin a posé sur la table ; bruit dans la coulisse, le baron
s'étonne, la porte du fond s'ouvre à deux battants.)

SCÈNE XIII

Les Mêmes, AJAX, Chœur.

Ajax est armé jusqu'aux dents, casque empanaché ; hallebarde à la main.
Il est suivi du chœur. Domestiques du baron, piqueurs, jardiniers, veneurs,
pages, cuisiniers ; etc., tous armés de tout ce qui leur est tombé sous la
main, fourches, bâtons, pertuisanes, etc.

AJAX.

Armés jusques aux dents, nous venons vous défendre !
Baron, j'ai rassemblé tous les gens que voici !...
Malheur à l'ennemi, nous saurons le surprendre,
Le forcer à genoux à demander merci !...

LE CHŒUR, avec enthousiasme.

L'ennemi devant nous criera grâce et merci !

AJAX.

Oui, je viens vous défendre !

CHOEUR, agitant ses armes avec fureur.

Vivent les combats,
Les larges entailles !
Ces glorieux ébats,
Vont à leurs nos tailles.

Marchez,
Marchons, vaillants soldats,
A la victoire...
A vous nous la gloire !

LE BARON, après avoir en vain essayé de les faire taire.

Oui, oui, mais maintenant,
Pour punir un impertinent,
Ce vacarme est de trop, taisez-vous donc !... Un homme
Qu'on renomme
Pour d'amoureux exploits, que l'audace conduit
Prétend ravir ma nièce, avant minuit,
Sous mes yeux et dans ma demeure !
Vous l'en empêcherez ?

LE CHŒUR.

S'il entre, que je meure !

LE BARON, à ses gens.

Postés autour de la maison,
Observez en silence,
Regardez bien à l'horizon !
Si le galant paraît... sur lui chacun s'élance !

LE CHOEUR.

Fidèlement
Je veux servir mon maître ;
J'en fais serment !
Malheur au traître !

Celui qui nous asssiége
Tombera dans le piége,
Comptez sur moi... tout est permis !
Contre vos ennemis !

LE BARON, faisant placer deux sentinelles.

Deux hommes pour garder la porte ! ·
C'est cela ! c'est cela !
Visitons tout en commençant par là.
(Il montre la droite.)
La nuit vient, hâtons-nous, que personne ne sorte !

LE BARON et le CHŒUR.

·Regardons avec soin,
L'ennemi n'est pas loin,
Honneur à qui l'attrape !
Et que pas une trappe,
Pas un trou, pas un mur,
A notre coup d'œil sûr
N'échappe !

(Le cœur entre à pas de loup dans la première pièce à droite ; le baron
regarde Ajax endormi dans le fauteuil de droite et le force à suivre la
patrouille.)

AJAX, sortant.

Quelle drôle de maison !... (Marche nocturne. Tancrède sort du
paravent... Diane paraît habillée en homme sur le seuil de la porte.
Olivette est restée en scène ; on entend toujours le chœur dans la coulisse.)

SCÈNE XIV

OLIVETTE, TANCRÈDE, DIANE, AJAX, endormi.

DIANE.

Que faire ?

TANCRÈDE.

C'est très-facile !... (A Diane.) Ils vont rentrer par cette porte
(deuxième à droite). Vous vous réfugierez dans cette pièce qu'ils
viennent de visiter (première à droite), et surtout pas dans votre
chambre, on vous y enfermerait.

DIANE.

Et vous ?

TANCRÈDE.

Oh ! moi, ne vous inquiétez pas de moi ! j'aurai bien du
malheur si je ne vous ai point enlevée avant minuit.

OLIVETTE.

Vite ! vite !

TANCRÈDE.

Cachez-vous, madame... (Diane entre à droite.) Ah! Dieu des amours, aide-nous un peu!... nous nous aidons assez nous-mêmes!... (Il remonte jusqu'à la deuxième porte de droite par où revient le chœur, la porte s'ouvre.) Les voilà! (Il se dérobe par la gauche en reculant à petits pas vers le paravent derrière lequel il se cache.)

SCÈNE XV

TANCRÈDE, OLIVETTE, DIANE, LE BARON, Chœur.

(Le baron rentre avec ses gens ; ils ont tous une lanterne et descendent en explorant tout. Le baron va à la porte de Diane qu'il ferme.)

CHŒUR.

Redoute
La nuit.
En route,
Sans bruit !
Silence,
Prudence,
La chance
Conduit.
Camarade,
Parlons bas !
L'embuscade,
A vingt pas...
Aux poternes,
Aux citernes,
Sans lanternes
N'allons pas !

OLIVETTE, à part.

A ma maîtresse,
On ouvrira
Et la tendresse
Triomphera ;
Malgré leur nombre,
On ouvrira,
Puis avec l'ombre,
On sortira.

(Tancrède se mêle aux serviteurs ; il a repris son manteau et son chapeau.)

CHŒUR.

Notre vigilance
Défend la maison,
Calme et confiance,
Rien à l'horizon,
Si quelqu'un s'avance,
Prestesse et vaillance,
Que vite on s'élance!
Pas de trahison !

LE BARON, prenant Tancrède pour un valet.

Allons, toi ! prends ma lanterne et m'éclaire.

OLIVETTE, gagnant le milieu.

Malgré leur nombre,
On ouvrira,
Puis avec l'ombre,
On sortira!

TANCRÈDE, de même, perdant le baron avec sa lanterne *.

A ma maîtresse
On ouvrira,
Et la tendresse
Triomphera !

(Tancrède remonte par le milieu vers la porte où il va se poser, la lanterne
à la main. Le baron fait passer Olivette devant lui pour la faire sortir ;
le chœur se coupe en deux et remonte à droite et à gauche pour sortir
par le fond ; le baron passe à droite de la porte, les regarde tous passer
devant lui.)

LE CHŒUR.

Camarades,
A vingt pas
L'embuscade...
Parlons bas !

Aux poternes,
Aux citernes,
Sans lanternes
N'allons pas.

Silence,
Prudence,
La chance
Conduit!
Redoute
La nuit;
En route,
Sans bruit.

(Le chœur est sorti peu à peu ; quand le dernier homme a disparu, Tancrède
laisse tout à coup tomber sa lanterne qui s'éteint, puis il se dirige à
tâtons vers la chambre de droite où Diane s'est réfugiée, pour l'en faire
sortir.)

LE BARON.

Maladroit!

DIANE, sortie de la gauche, à droite à part.

Il y a quelqu'un dans cette chambre, on me suit !

LE BARON, à Tancrède.

Et ta lanterne ?

* Le baron, Tancrède, le chœur, Olivette.

AJAX, sortant de la droite, encore endormi, sans casque.

Eh bien, où sont-ils passés?... quelle drôle de maison!...

LE BARON, cherchant au fond.

Tu ne m'aiderais pas... mais réponds donc!

DIANE, à part; elle gagne l'extrême gauche.

Mon oncle!

TANCRÈDE, à Ajax, bas.

Est-ce vous?

AJAX, à demi-voix.

Oui!

TANCRÈDE, lui prenant le bras.

Venez, venez, madame!

AJAX, stupéfait.

Madame!... quelle drôle de maison!

TANCRÈDE, entraînant Ajax et sortant.

Je triomphe!

LE BARON, trouvant la lanterne.

Ah! la voici!... où es-tu?... mais réponds donc!...

TANCRÈDE, à la porte du fond.

Où je suis, baron? dehors!... et vous?... (Fermant la porte.)
bonsoir!...

RE BARON, stupéfait.

Cette voix!... le comte!... à l'aide!... à moi!... (Il vient à
la porte du fond, puis à la fenêtre.)

ACTE TROISIÈME

Un jardin. — A gauche, la maison avec porte non praticable tournée vers la scène, et au-dessus, fenêtre avec balcon praticables. — La maison face au public ne présente qu'un mur, sans ouvertures, et en avant un vase de fleurs assez grand. — Au fond, le mur avec espaliers garnis de fleurs. — Au milieu, un peu sur la gauche, une grille ouvrant sur la campagne. — Entre le mur et la maison, un passage. — Le mur de ce côté est couronné par un grand arbre dont une des branches s'incline vers le balcon et l'atteint presque. — A droite, premier plan, une cabane de jardinier garnie de feuillage; au second, plan, massifs; au fond, un escalier praticable qui conduit à des allées taillées éclairées par la lune. — Au milieu de la scène, vers la droite, petite charmille taillée, à hauteur d'appui, formant la demi-lune, avec banc de marbre de chaque côté, à passage praticable au milieu. — Au delà du passage et le dominant, une statue éclairée par la lune. — Tout ce décor est dans une ombre bleuâtre très-douce; la lune, dont la lumière vient de droite, éclaire toute la scène en projetant des ombres, et ne se voile que par moments.

SCÈNE PREMIÈRE

(Au lever du rideau.)

CHŒUR, au dehors.
Notre vigilance
Défend la maison
Calme et confiance
Rien à l'horizon !

(Calendrin débraillé, les cheveux ébouriffés, arrive par la porte du fond qu'il referme en prenant la clef.)

CALENDRIN.

Jour de Dieu! quel affront!... dans une malle, un homme comme moi, et dans une malle de province, encore !... Oh! oh! honte et déshonneur sur toi, Calendrin, si tu ne sais pas te venger de cette infernale soubrette, qui a eu l'esprit de te faire croire qu'elle en avait moins que toi!... (Musique).

SCÈNE II

CALENDRIN, TANCRÈDE.

CALENDRIN.

J'entends marcher quelqu'un !... où se cacher ?... Ah ! derrière cette charmille !...

TANCRÈDE, entrant par le fond en regardant avec précaution derrière lui.

Quelle déception... se croire triomphant, emporter dans ses bras l'objet de sa tendresse... et reconnaître aux rayons de la lune, qui ?... Ajax !... Enfin, j'ai pu me dérober aux poursuites du baron, et maintenant... (On entend sonner l'heure.) Onze heures !... déjà ! Tout est perdu si dans une heure je n'ai pas justifié mon téméraire défi.

CALENDRIN, derrière la charmille.

Qui cela peut-il être ?

TANCRÈDE.

Mais non ! cette pensée redouble mon courage ; je ne serai pas vaincu quand il y va du bonheur de ma vie... A moi toutes les forces de la nature que Dieu n'a pas pu faire pour un plus bel œuvre que l'amour ! A moi, brise du soir, qui portez les paroles de l'amant à sa maîtresse sans que le jaloux les entende ! Enlacez vos branches, feuillages, pour me dérober à leur vue indiscrète ! L'heure est proche, et il n'est pas un insecte et pas une feuille frémissante à ces arbres qui ne s'arrête à regarder la plus douce chose qui soit au monde ! un amant qui va conquérir sa maîtresse... Et vous, surtout, héros de l'amour ! chevaliers valeureux de tous temps qui avez lutté pour lui et triomphé par lui... venez à mon aide !

AIR :

Héros d'amour, venez me soutenir !
Mon âme
S'enflamme
A votre souvenir !
Mon rêve
S'achève !...
Venez guider mes pas,
Ne m'abandonnez pas !...
Pâris, mon guide !
Amant si beau !
Sois mon égide
Et mon flambeau !
Conseille
Diane qui veille
Pareille
A la Phœbé, douce et vermeille !...

5

Amant d'Héro,
Livre à l'Echo
Tous les secrets de la tendresse
Qui sur les mers
Aux flots amers,
Poussait ton cœur vers ta maîtresse !
Et toi, grand Thésée, ô rival des dieux !
Ne refuse pas d'aider un profane,
Et viens me prêter le fil merveilleux
Qui te conduisait auprès d'Ariane !

REPRISE.

Héros d'amour, etc.

CALENDRIN, *il a disparu un moment dans le massif de droite.*

Eh ! c'est le comte Tancrède !

TANCRÈDE.

Voici la main.

(Nuit plus noire.)

SCÈNE III

TANCRÈDE, OLIVETTE, BARBE, CALENDRIN, toujours caché.

CALENDRIN.

Oui, c'est bien lui !

OLIVETTE, à Barbe * qu'elle amène par la main ; entrée à gauche au delà de la maison.

Par ici... par ici.

TANCRÈDE, près du mur, s'arrêtant.

Il me semble qu'on a parlé... Qui va là ?

OLIVETTE, à Barbe, de même.

Quelqu'un !

BARBE, de l'autre côté.

Monsieur le comte, est-ce vous ?

TANCRÈDE, bas.

Je ne reconnais pas cette voix... Pas d'imprudence. (Haut et déguisant sa voix.) Il n'y a pas de comte ici... Qui êtes-vous, vous-même ?

BARBE, bas à Olivette.

Ah ! mon Dieu ! je crois que je me suis trahie et que c'est le jardinier.

OLIVETTE.

Alors il n'y a rien à craindre. Le jardinier me fait la cour ! (Elle s'avance.) Antoine, est-ce toi ?

* Tancrède, Barbe, Olivette, Calendrin.

TANCRÈDE, contrefaisant sa voix et se rapprochant d'elle.

Pardine ! Oui, c'est moi ! (A part.) c'est quelque servante !

OLIVETTE, lui donnant la main.

Tu ne me reconnais donc pas ?...

TANCRÈDE, prenant la main.

Si fait, si fait ! (Haut.) Bonsoir ! (Il remonte, puis s'esquive.)

OLIVETTE, étonnée, sans lâcher la main.

Comment, bonsoir ! — comme ça * ?

TANCRÈDE.

Eh bien, comment donc ?

OLIVETTE, retirant sa main.

Ah ! tu n'es pas le jardinier, toi ! tu m'aurais déjà embrassée.

TANCRÈDE, la reconnaissant à l'éclat de sa voix.

Olivette !

BARBE et OLIVETTE.

Monsieur le comte !

TANCRÈDE, redescendant.

Eh ! oui, je n'osais me faire connaître !

BARBE et OLIVETTE, vivement.

Nous non plus !

TANCRÈDE.

Chut !

CALENDRIN, à part, dans l'intérieur de la charmille.

Ah ! scélérats, je vous tiens !

TANCRÈDE.

Nous voilà seuls ! personne ne peut nous entendre !

CALENDRIN, à part.

Et moi donc !

TANCRÈDE.

Convenons vite de nos faits et gestes.

BARBE et OLIVETTE.

Oui !

TANCRÈDE.

Où est la chambre à coucher du baron ?

BARBE.

De l'autre côté de la maison !

TANCRÈDE.

Bien ! Et la pièce où est enfermée ta maîtresse avec ses habits d'homme ?

* Olivette, Tancrède, Barbe.

OLIVETTE, montrant la fenêtre du premier étage avec balcon.

Ici !

TANCRÈDE.

Là ?

BARBE.

Oui, cette fenêtre !

TANCRÈDE.

Tout va bien. J'attire de ce côté l'attention de ta maîtresse ! Elle ouvre la fenêtre ! elle descend ; nous courons à cette grille, et alors...

BARBE.

Nous la trouvons fermée !

TANCRÈDE.

Fermée !

OLIVETTE.

Eh ! oui, c'est cet idiot de Calendrin qui en a la clef.

CALENDRIN, à part.

Idiot !... Ah ! tu me le payeras ! (Il remonte vers la grille et met la clef dans la serrure ; puis, se dérobe rapidement derrière la statue.)

TANCRÈDE.

Au moins, faut-il s'assurer qu'il ne l'a pas laissée par mégarde !

OLIVETTE, remontant le théâtre.

Je vais y voir ! (Elle remonte à tâtons vers la grille.)

CALENDRIN, à part, derrière la statue.

Elle y est, cette clef, mais... à mon tour ! jouons avec leur sécurité.

TANCRÈDE, à Olivette.

Y es-tu ?

OLIVETTE, tâtant la porte et trouvant là clef.

Victoire ! monsieur.

TANCRÈDE et BARBE, avec joie.

La clef ?

OLIVETTE, descendant sans prendre la clef.

Oui... Il n'y a plus qu'à faire descendre madame de ce balcon ?

TANCRÈDE*.

Il y a bien une échelle dans ce jardin ?

BARBE.

Celle du jardinier ! là... (Elle montre la cabane.)

* Barbe, Tancrède, Olivette.

TANCRÈDE.

Assez haute ?

OLIVETTE.

Assez! je vais la prendre.

LE BARON, au dehors.

Allons, allons!... chevalier. (La lumière de la lune reparaît.)

BARBE.

Le baron !

OLIVETTE, à Tancrède.

Cachons-nous! dans la cabane! dans la cabane! (Elle se
dirige avec Barbe vers la cabane.)

TANCRÈDE, reprenant son chapeau et son manteau qu'il a déposés sur la
charmille.

Maudit baron! il est partout... (Il entre dans la cabane et ferme
la porte.)

CALENDRIN, sortant de sa cachette.

Et moi aussi, je suis partout! et quand je lui aurai dit !
Non... je ne le mettrai pas de moitié dans ma vengeance,
j'aurai la gloire de triompher seul... tâchons de tout voir,
sans être vu... (Il passe à gauche et se cache derrière le vase de
fleurs.)

SCÈNE IV

LE BARON, AJAX, CALENDRIN caché. Le baron entre avec
une lanterne, furetant partout et suivi d'Ajax qui dort tout debout en
emboîtant le pas derrière lui, sa hallebarde sur l'épaule.

LE BARON, à Ajax, après un silence, grande clarté.

Comment, vous ne pouvez rien me dire! pas même comment il était habillé ?

AJAX, réveillé.

Qui ça?

LE BARON.

Mais celui qui sortait avec vous... le comte!

AJAX.

Comment il est habillé, baron?... Il est habillé!... je n'en
sais rien!... (Il se rendort.)

LE BARON.

Mais sa figure, au moins... a-t-il déguisé sa figure?...

AJAX.

Oh! sa figure... certainement!... oh! oui, sa figure!...
je ne l'ai pas vue.

LE BARON.

Mais enfin, vous a-t-il parlé?... que vous disait-il ?

AJAX.

Ah! il me disait, avec une voix douce... Venez, venez, madame, je vous adore!

LE BARON, riant.

Le maladroit! il vous prenait pour ma nièce ; c'est évident... bien m'en a pris de l'enfermer dans sa chambre, et de confisquer ses vêtements! Après?

AJAX.

Hein!

LE BARON.

Après?

AJAX.

Oh! après, cela s'est bien gâté... il m'a traité d'animal, et il court encore!... Quelle drôle de maison! (Il se rendort sur sa hallebarde.)

LE BARON.

Bien! bien... il s'est enfui... et suffisamment mystifié pour n'y plus revenir!... (Il se dirige vers la cabane.)

CALENDRIN, de sa cachette.

Oui ! merci !

LE BARON, à Ajax, étonné.

Hein?...

AJAX, réveillé de même.

Hein ?...

LE BARON, répétant le mot avec surprise.

Merci !...

AJAX, surpris.

Merci?

LE BARON.

Merci !...

AJAX.

De quoi merci?...

LE BARON, s'échauffant.

Mais c'est moi qui vous le demande. Merci, de quoi?

AJAX.

Eh bien, c'est ce que je vous dis. De quoi, merci !

LE BARON.

Ah! çà, dormez-vous tout debout... chevalier?

AJAX, impatienté.

Mais vous le voyez bien! voilà assez longtemps que nous

jouons aux soldats! (Mettant sa hallebarde sous son bras.) Est-ce fini la petite revue?

LE BARON.

En vérité, monsieur, à vous entendre, on ne croirait jamais que je me donne ici tant de peine pour défendre votre bien.

AJAX, effrayé, portant la main à ses poches.

Mon bien?

LE BARON.

Votre future femme!

AJAX, rassuré,

Ah! ma femme! bon! — Eh bien, je vous assure, baron, que je ne puis plus me tenir debout.

LE BARON.

Mais, ventremahom! monsieur, faites comme moi, remuez-vous! allez! venez! Pardieu!... je vais vous réveiller, moi!... mettez l'épée à la main et nous allons faire un petit assau pour nous dégourdir!

AJAX, réveillé.

Un assaut!

LE BARON, tirant l'épée.

Oui, allons!

AJAX, effrayé.

Avec l'épée!

LE BARON.

Pour vous réveiller. Oui, allons!

AJAX, trottant comme un rat.

Inutile, baron, inutile!

LE BARON.

Comment?

AJAX.

Je suis parfaitement réveillé! vous voyez! vous voyez! je trotte! Ah! c'est étonnant comme je suis réveillé! étonnant!

LE BARON.

Bien! très-bien! c'est ce qu'il faut! et pour plus de sûreté vous allez me monter la garde ici! jusqu'à minuit! (Il remonte par le milieu de la charmille.)

AJAX, le suivant.

Tout seul, ici?

LE BARON.

Et n'oubliez pas de répondre au cri des sentinelles!...

AJAX, l'arrêtant dans le cercle.

Si vous en faisiez venir deux ou trois pour me garder!

LE BARON, sortant de la demi-lune et remontant près de la grille.

Inutile!... (Criant.) Sentinelles, prenez garde à vous !....

UNE SENTINELLE, au loin.

Sentinelles! prenez garde à vous !

UNE AUTRE SENTINELLE, plus loin.

Sentinelles! prenez garde à vous !

LE BARON.

Allons, allons, tout va bien, bonne garde, Ajax! (Il sort. Nuit.)

SCÈNE V

CALENDRIN, caché ; AJAX.

AJAX.

Mon futur oncle serait-il troublé du cerveau ? Et se figure-t-il que je vais me camper toutes les nuits une hallebarde sur l'épaule, pour garder la vertu de ma femme ? Oh! non ! (Tâtant son épaule.) Ah ! mon Dieu! quelle humidité ici! c'est tout mouillé, tenez ! un pourpoint qui m'aurait encore fait deux ou trois saisons ! Le voilà gâté ! et je n'ose m'asseoir ! (Il passe sa main sur les bancs de pierre.) je perdrais toutes mes chausses ! Où diable suis-je donc ici? un jardin ! c'est bien désert cet endroit-là... (Avec inquiétude.) Et je suis seul... c'est tout noir... (Apercevant la statue et se mettant en arrêt.) Ciel! non !... c'est une statue! quelle vilaine idée de me faire faire senti-nelle ici! s'il venait quelqu'un pourtant... on ne sait pas... un voleur! je suis armé! il ne me ferait pas quartier!... On a bien tort d'être armé dans ces cas-là ; et moi qui ai toutes mes pistoles sur moi dans une ceinture. (Voyant la porte du jardinier qui s'ouvre tout doucement.) Ah ! merci de moi! qu'est-ce que cela ? (Tancrède paraît, puis Olivette, puis Barbe.) Un !... deux et trois... dix, vingt... Des voleurs! Sentinelles... prenez garde à moi ! (Clarté de lune.)

SCÈNE VI

AJAX, TANCRÈDE, OLIVETTE, puis BARBE, CALENDRIN, dans la charmille.

TANCRÈDE *.

Eh! c'est le seigneur Ajax!

AJAX, avec effarement et en balbutiant.

Monsieur l'intendant!

* Tancrède, Ajax, Olivette, Barbe sur le seuil de la cabane.

OLIVETTE.

Eh! oui! qu'est-ce donc que vous faites là?

AJAX.

Vous voyez... je monte la garde.

OLIVETTE.

Bon!... donnez-moi votre hallebarde, seigneur Ajax, et rentrez au logis, je ferai le guet à votre place...

AJAX, se relevant.

Non! le baron est un tyran, vous l'avez dit vous-même; il n'aurait qu'à le prendre mal... et qu'à réduire la dot... je reste... il y a du monde maintenant*.

TANCRÈDE, à Olivette, à part.

Maudit fâcheux!

OLIVETTE.

Comment l'éloigner?

TANCRÈDE.

Ah! la duègne!

OLIVETTE, bas.

Je comprends! (Elle court à la cabane du jardinier et tire par la main Barbe. Haut.) Ah! arrivez! arrivez! madame!... (Avec affectation sentimentale.) Il est ici, celui que vous aimez...

BARBE, de même.

Il est ici?

OLIVETTE, de même en l'entraînant vers Ajax.

Il vous attend... madame!

BARBE, de même.

Il m'attend!...

AJAX, stupéfait.

La nièce du baron! (Olivette réunit leurs mains.)

BARBE, vivement et avec passion.

C'est lui!... c'est Ajax.

OLIVETTE et TANCRÈDE, de même.

C'est Ajax!

AJAX.

Eh! oui! c'est Ajax!... et de par tous les diables, madame, comment pouvez-vous être à la fois ici et là-haut enfermée, et sans robe ni jupe!...

BARBE, tombant dans ses bras.

Oh! l'amour! chevalier... que ne fait pas l'amour?

* Ajax, Tancrède, Olivette, Barbe.

TANCRÈDE.

Tudieu ! monsieur le chevalier, voilà une femme qui vous aime bien. (Il remonte, ainsi qu'Olivette qui va ouvrir la grille, tandis que Tancrède cherche à voir dans l'intérieur de la pièce où est enfermée Diane.)

AJAX, soutenant la duègne avec peine.

Trop ! elle m'aime trop !

BARBE.

Hélas ! j'ai voulu résister à ma passion ; mais c'est plus fort que moi...

AJAX, n'en pouvant plus.

J'allais vous en dire autant, madame ; c'est plus fort que moi !

BARBE, s'appuyant toujours sur lui.

Ah ! l'émotion ! il me semble que je vais m'évanouir.

AJAX, épuisé.

Miséricorde, n'en faites rien, ou je lâche tout !... Souffrez plutôt que je vous ramène à votre chambre...

BARBE, se redressant tout à coup et lui faisant perdre l'équilibre.

Comment ? à ma chambre ! je ne suis pas ici pour que vous me rameniez à ma chambre, mais pour que vous m'enleviez ! (Tancrède et Olivette sont redescendus sur le mouvement brusque de la duègne, le premier à temps pour empêcher Ajax de tomber.

AJAX *.

Que je vous enlève !

BARBE.

Mais oui... ainsi que vous me l'avez promis...

AJAX.

Mais j'en suis incapable ! madame. — Je prends monsieur à témoin, je ne suis pas de force !...

BARBE.

Ta, ta ! il ne s'agit pas de cela, monsieur, voulez-vous m'épouser, oui ou non ?

AJAX.

Si je le veux !...

BARBE.

Eh bien, je vous l'ai dit, ma main est à ce prix, enlevez-moi ce soir, ou pas de mariage ! (Elle l'entraîne vers la porte.)

AJAX, résistant.

Mais, madame !

* Tancrède, Ajax, Barbe, Olivette.

OLIVETTE, les suivant.

Oh! monsieur, voilà qui est bien raisonnable pourtant!

TANCRÈDE, de même.

On ne peut pas demander moins.

OLIVETTE.

Cela est de tradition !

TANCRÈDE.

Les Romains enlevaient toujours leurs femmes !

LES DEUX FEMMES.

Toujours!

AJAX, de même.

Mais...

BARBE, l'entraînant.

Enlevez-moi donc!

AJAX.

Mais...

BARBE.

Mais, par la barbe de saint Antoine, enlevez-moi donc!
(Elle l'entraîne et le fait pirouetter deux fois; à la deuxième pirouette il est dehors et disparaît.)

AJAX, enlevé.

Madame! madame!...

SCÈNE VII

TANCRÈDE, OLIVETTE, puis CALENDRIN.

TANCRÈDE, riant, au fond en les suivant des yeux, tandis que Calendrin
traverse vivement, et sans être vu, de gauche à droite.

Parbleu! voilà bien le plus plaisant enlèvement.

OLIVETTE, redescendant.

La place est libre, ne perdons pas de temps. Je vais chercher l'échelle!...

TANCRÈDE.

Et moi avertir ta maîtresse par des petits cailloux jetés
aux vitres. (Olivette entre dans la cabane ; Calendrin disparaît derrière
la charmille.)   4

SCÈNE VIII

TANCRÈDE, DIANE, OLIVETTE; CALENDRIN, caché.

. QUATUOR.

TANCRÈDE, regardant la fenêtre de Diane.·
Le ciel est noir et le lieu solitaire,
    Venez sans crainte jusqu'à nous!
  Ah! répondez à ma prière;
      Autour de vous,
      Tout est mystère!
        (Olivette reparaît avec l'échelle.)

ENSEMBLE.

  Silence au loin...
  Pas un témoin...
  La nuit profonde,
Convient aux amoureux;

OLIVETTE.

  Soyez heureux,
  Tout vous seconde.

TANCRÈDE.

  Pas un témoin,!
  Silence au loin!

OLIVETTE. Parlé.

Et madame?...

TANCRÈDE.

Pas encore?... (Olivette pose l'échelle contre la charmille et va aider Tancrède à ramasser de petits cailloux qu'ils jettent aux vitres pendant l'aparté suivant.)

CALENDRIN.

Je vais donc me venger... je les tiens... point de grâce!
Oui pareil au serpent, Calendrin vous enlace!
        (Il entre dans la cabane.)

OLIVETTE.

Le ciel est noir, hâtez-vous, le temps passe,
Venez sans crainte jusqu'à nous.

La fenêtre s'ouvre peu à peu. Diane paraît sur le balcon; au même moment Calendrin ressort de la cabane avec une petite serpe, qu'il agite d'un air menaçant, il s'introduit par l'ouverture du haut dans la demi-lune de charmille et coupe tout doucement l'échelle en deux endroits, tandis que Diane chante ce qui suit:

DIANE.

Je t'appartiens! ô Tancrède, ô mon maître!
    Je suis à toi, fidèle amant,
  Tu vois l'amour que tu fais naître!

TANCRÈDE.

Que de bonheur dans un mot si charmant !
De ma maîtresse ;
J'ai toute la tendresse !

ENSEMBLE.

DIANE, OLIVETTE et TANCRÈDE.

Grâce à l'obscurité,
Partons sans bruit chercher la liberté !

CALENDRIN, ironiquement, remontant par le haut et disparaissant derrière
la charmille.

Grâce à l'obscurité,
Allez sans bruit chercher la liberté !

ENSEMBLE.

DIANE, tandis que Tancrède apporte l'échelle qu'il pose contre le balcon.

Le ciel est noir, hâtons-nous le temps passe...
Je vais sans crainte jusqu'à vous !

OLIVETTE et TANCRÈDE.

Le ciel est noir, hâtez-vous, le temps passe,
Venez sans crainte jusqu'à nous.

CALENDRIN.

Voici l'instant, je les tiens, point de grâce,
Hâtez-vous ! hâtez-vous !

TANCRÈDE.

Quel doux mystère !
Ah ! descendez à ma prière,
Cédez à ma prière !

DIANE.	OLIVETTE.
O doux mystère !	O doux mystère !
Je cède à sa prière !	Cédez à sa prière !

CALENDRIN.

En ce lieu solitaire !
Sachons, sachons nous taire !

DIANE, essayant de franchir le balcon de sa fenêtre.

(Orchestre.)

J'ai peur... je ne puis descendre seule...

TANCRÈDE.

Attendez... je vais à votre aide... (Il pose le pied sur l'échelle
qui se brise et tombe en morceaux.)

DIANE et OLIVETTE, effrayées.

Ah !...

TANCRÈDE.

L'échelle brisée !...

CODA DU QUATUOR.

TANCRÈDE, DIANE et OLIVETTE.

O ciel! ô ciel! qu'allons-nous devenir ?
Malheur affreux! perdus! malgré tant de prudence!

CALENDRIN.

C'est moi! c'est moi qui devais les punir,
Je suis le châtiment! la haine et la vengeance!

TANCRÈDE, désespéré.

Maudit baron! il avait tout prévu.

LE BARON, |dehors.

Par ici !...

TANCRÈDE.

Le voici !

DIANE.

Hélas!... la fuite est impossible!...

TANCRÈDE, apercevant la branche qui rejoint le balcon.

Attendez !... cet arbre, cette branche... si je pouvais... ah!
j'en jure Dieu! j'arriverai jusqu'à vous, et je vous descendrai
dans mes bras!

OLIVETTE.

Où courez-vous ?

TANCRÈDE.

Laisse-moi faire, cache-toi dans l'ombre, et préviens-moi
seulement dès que le baron se sera éloigné...

OLIVETTE.

Vous prévenir... comment?...

TANCRÈDE.

Ah!... une chanson, un refrain qui m'avertisse...

OLIVETTE.

Bien !

TANCRÈDE, à Diane.

Vous, madame, rentrez, et ne reparaissez pas sur ce
balcon, que vous n'entendiez le signal d'Olivette...

DIANE.

Oui!

TANCRÈDE.

Courage! Il nous reste encore une demi-heure. (Il sort.)
Courage !

OLIVETTE.

Il a beau dire... nous sommes perdus!... (Elle rentre dans la
cabane.)

SCÈNE IX

OLIVETTE, DIANE, CALENDRIN, puis LE BARON, Valets.

CALENDRIN.

Bien! bien. (Il va fermer la porte et prend la clef.) Rentrez, M. le comte, si vous pouvez! ah! la vengeance est le plaisir des dieux et des valets!...

LE BARON, arrivant par la gauche au fond avec ses valets. Lune.

J'ai entendu du bruit? halte!...

CALENDRIN.

Monsieur le baron! monsieur le baron!

LE BARON.

Calendrin!... ah! traître! c'est toi!

CALENDRIN, se débattant.

Eh! monsieur le baron, ne criez pas ou vous allez gâter toute la besogne. Regardez plutôt à vos pieds.

LE BARON.

Une échelle?

CALENDRIN.

Eh! oui, une échelle.. qui, sans moi, permettait au galant d'escalader le balcon!

LE BARON, lui tirant l'oreille et le faisant mettre à genoux.

Allons, qu'est-ce qu'il nous conte-là... c'est encore quelque trahison comme cette malle de tantôt, misérable, où tu avais fait entrer le comte!

CALENDRIN, à genoux.

Le comte!... Eh! monsieur, ce n'est pas le comte qui était dans la malle... c'était moi!

LE BARON.

Toi?...

CALENDRIN.

Eh oui! moi! dont Olivette se débarrassait, tandis qu'elle faisait cacher le comte dans un cabinet!

LE BARON.

Qu'est-ce que j'apprends là, bon Dieu?

CALENDRIN.

Ah! vous en apprendrez bien d'autres, si vous voulez seulement vous donner la peine de la faire venir, et de la faire chanter. C'est le signal dont ils sont convenus, pour que le galant revienne. (Il montre l'arbre.)

LE BARON.

Juste ciel! je ne sais plus où j'en suis!... mais pour le coup, il ne saurait enlever ma nièce, puisqu'elle est enfermée dans sa chambre.

CALENDRIN.

Par ma foi, monsieur, je ne sais pas si elle est enfermée, mais je sais bien qu'elle lui parlait là tout à l'heure, du haut du balcon.

LE BARON.

Tu l'as entendue?

CALENDRIN.

De mes deux oreilles!

LE BARON.

Impossible! il faudrait qu'ils fussent sorciers.

CALENDRIN.

Ils le sont donc!... faites chanter Olivette, qui est là, et vous verrez bien!

LE BARON.

Oh! certes! je le veux!... Et si tu m'en imposes....

CALENDRIN.

Oh! cent coups de bâton, j'y consens! mais cent pistoles, si j'ai dit vrai!

LE BARON.

Je le jure! (Aux hommes.) Vous, retirez-vous! vous reviendrez avec lui, quand j'appellerai!

CALENDRIN.

Je suis vengé! (Il disparaît en se frottant les mains, suivi des valets.)

SCÈNE X

LE BARON, OLIVETTE.

LE BARON, seul.

Ce n'est pas assez de faire échouer leurs projets. Je veux avoir le plaisir de les railler tout à mon aise. (Il frappe au volet de la cabane.)

OLIVETTE, dans le pavillon.

Qui frappe?

LE BARON.

C'est vrai! la voilà! (Il frappe de nouveau.)

OLIVETTE, de même.

Qui est là?

LE BARON, s'oubliant.

Moi, perf... (A part.) Je m'oublie et je vais tout perdre. (Haut, doucement.) Moi, mon enfant... c'est moi!...

OLIVETTE, sortant et effrayée à sa vue.

Le baron!

LE BARON,

Mais que diantre fais-tu là dedans?

OLIVETTE, se remettant.

Rien de bon! je tombais de sommeil, vous nous avez mis sur les dents toute la journée, et je ne sais comment, la fraîcheur... l'obscurité... je me suis endormie là sur un banc.

LE BARON.

Je te comprends... Moi aussi, je suis tout endormi! heureusement minuit n'est pas loin... voici l'avant-quart qui sonne!...

OLIVETTE, inquiète à part.

Ah! mon Dieu!... déjà!

LE BARON.

Et pour nous tenir en éveil jusque-là... causons.

OLIVETTE, à part.

Le moment est bien choisi!

LE BARON.

Ou plutôt... tiens!... tu as une jolie voix! chante-moi quelque chose.

OLIVETTE.

Moi?

LE BARON.

Oui, la nuit est belle... le ciel est pur!... l'air est tiède et parfumé... je me sens en humeur de poésie... et une voix gracieuse au milieu de tout cela va remplacer le rossignol qui nous manque ce soir.

OLIVETTE.

Monsieur n'y pense pas! j'ai plus envie de dormir que de chanter.

LE BARON.

Raison de plus! cela te réveillera, allons!

OLIVETTE.

Mais, monsieur!... je ne sais rien!

LE BARON.

Si fait! si fait! tu fredonnes toute la journée. Tu sais bien... cette chanson... l'amant qu'on appelle, le rendez-vous, la nuit, l'amant qui n'ose pas entrer.

OLIVETTE, à part.

Ah! quelle idée!... en changeant les paroles... si je pouvais l'avertir... l'empêcher...

LE BARON.

Eh bien?

OLIVETTE.

J'obéis!...

ROMANCE ET DUETTINO.

OLIVETTE[*].
Vous dont le cœur est plein d'ivresse
Et plein d'espoir!...
(Le baron approuve du geste et remonte par la charmille pour surveiller au fond l'arrivée du comte.)
Vous qui cherchez votre maîtresse,
On peut vous voir!
Quelqu'un est là qui vous regarde,
N'avancez pas!
On vous entend, prenez bien garde!
Restez là-bas?

LE BARON, redescendu par la gauche, lui saisissant la main.
Comment dis-tu : n'avancez pas?...
Restez là-bas!
Je parîrais trois cents pistoles,
Que tu travestis les paroles!
Pourquoi donc te tromper ainsi?
Mais j'ai de la mémoire aussi ;
La chanson ordonne au contraire,
A l'amant d'être téméraire,
Le refrain dit : n'hésitez pas,
Pressez le pas...

OLIVETTE.
Monsieur... je ne m'en souviens pas.

LE BARON, avec force.
Recommence,
Ta romance,

OLIVETTE, à part.
Il sait tout!... malgré moi, je vais donc les trahir!

LE BARON.
Veux-tu bien m'obéir?
Allons, ma belle, chante!

OLIVETTE.
On vous regarde!...
Prenez bien garde!

LE BARON.
Ce n'est pas ça! dis-donc : Venez!... chante, pendarde!...
(Il la menace et lui serre la main qu'il ne lâche plus.)

* Olivette, le baron.

OLIVETTE, fascinée par son regard et tremblante.
Venez, venez, plein de tendresse,
Voici le soir !

LE BARON, parlant.

A la bonne heure !

OLIVETTE.
Venez chercher votre maîtresse...

LE BARON, soufflant.
Nul ne peut voir.

OLIVETTE.
Nul ne peut voir.
Personne ici ne vous regarde,
N'hésitez pas.

LE BARON, parlant.

Très-bien ! (Il la force à remonter en chantant.)

OLIVETTE.
On vous attend... qui vous retarde ?
Pressez le pas !

LE BARON, parlant.

C'est parfait ! (Chantant.)

Chante plus fort ! on n'entend pas.

OLIVETTE.
Hélas ! hélas !

LE BARON.
Et la roulade,
Qui fait si bien !
Ne passe rien.

OLIVETTE.
Ah ! ah ! ah !

LE BARON, parlant.

Trop doux ! plus fort, bien !... plus fort !... (Il lui serre le
poignet, elle pousse un cri et se dégage en achevant sa roulade. Au même
instant on aperçoit Tancrède sur la crête du mur où il est arrivé par
l'arbre de la route, et Diane ouvre sa fenêtre. Nuit.)

SCÈNE XI

Les Mêmes, TANCRÈDE, DIANE.

TANCRÈDE.
Olivette ! le baron est-il bien loin ?...

LE BARON, la faisant repasser devant lui et se cachant derrière elle.
Réponds !...

OLIVETTE.

Oui, monsieur le comte.

TANCRÈDE.

Patience, madame, me voici !

DIANE.

Tancrède !

TANCRÈDE.

Malédiction !... la branche est trop courte, mais ce treillage... (Il pose le pied sur le treillage et descend.)

DIANE.

Prenez bien garde !

OLIVETTE, voulant le prévenir.

Oui, prenez garde !

LE BARON.

Silence.

TANCRÈDE.

Ne craignez rien !

OLIVETTE, désolée.

Tout est perdu...

TANCRÈDE, à temps, saisi d'une inspiration subite.

Au contraire !... tout est sauvé !... amour ! à la fin de la
bataille, viens centupler mes forces. (Il arrache le treillage par où
il est descendu, le pose comme une échelle contre le mur de la maison.
Voici le chemin, Diane ! et vous descendrez sur des fleurs !...

LE BARON, remontant par la droite.

C'est un enragé !

TANCRÈDE.

Et maintenant... descendez, madame... (Il va au fond. Diane
descend sur le treillage.)

LE BARON.

C'est le moment !... à moi, Calendrin !

TANCRÈDE.

Le baron ! (Il jette vivement son manteau sur les épaules de Diane et
disparaît derrière le treillage. Aussitôt le baron saisit Diane par le bras la
prenant pour le comte ; tous les gens accourent et entourent Diane qui cache
son visage.)

SCÈNE XII

LES MÊMES CALENDRIN, DEUX VALETS armés.

LE BARON, triomphant.

Ah ! monsieur le comte ! je vous tiens !

OLIVETTE, à part, joyeuse.

Il se trompe...

LE BARON.

Eh bien, monsieur le comte! est-ce bien joué ceci ? (Aux domestiques.) Allons, mes enfants, reconduisez monsieur chez lui, et ne le lâchez que quand minuit aura sonné! (Diane remonte sans rien dire et dépasse le seuil du jardin. On entend sonner l'heure.) Minuit! j'ai gagné...

TANCRÈDE, qui s'est faufilé derrière les valets reparaissant avec Diane en dehors de la grille, en pleine lumière de lune et de flambeaux.

Au contraire, baron! minuit... vous avez perdu!...

LE BARON, reconnaissant Diane.

Ma nièce!

TANCRÈDE, montrant le seuil de la grille et tenant Diane sous le bras.

Hors de chez vous, j'espère... et bien enlevée...

LE BARON.

Sous ce costume... et c'est moi !

TANCRÈDE, redescendant avec Diane.

Vous voyez donc bien que l'habile homme... c'est vous qui n'avez été battu que par vous-même.

LE BARON, ému.

Vous en conviendriez, monsieur le comte !

TANCRÈDE.

Tout haut et devant tout le monde.

LE BARON.

Ah ! touchez-là, monsieur, un homme si impartial dans sa propre cause ne peut être qu'un bon mari! ma nièce est à vous !... Ah ! mais non !

TANCRÈDE.

Pourquoi ?

LE BARON.

Et Ajax qui a ma parole...

SCÈNE XIII

Les Mêmes, AJAX, LA DUÈGNE.

AJAX, revenant ébouriffé et descendant en traînant Barbe qui se cramponne à lui.

Votre parole!... je vous la rends... et votre nièce aussi ! (A Barbe en dégageant le pan de son habit.) Mais lâchez-moi donc!...

LE BARON.

Ma nièce?...

AJAX, à Barbe.

Allons, madame... vous pouvez regarder monsieur votre oncle sans rougir ! (Il lève le voile.)

LE BARON.

Ma duègne !

AJAX, reculant.

La duègne !

BARBE, à Ajax.

Pour vous servir !

AJAX.

Ah ! mais, alors, doucement !... j'épouse ! j'épouse !...

LE BARON.

Ah ! pardon, chevalier... mais il est trop tard... Vous vous êtes dégagé, et le comte Tancrède, après avoir inutilement essayé de la ruse, n'attendait que mon agrément pour devenir mon neveu, en proclamant la supériorité de la routine sur la jeune méthode !

TANCRÈDE.

La jeune méthode est trop heureuse, baron, pour ne pas vous accorder tout ce qui vous plaira !

AJAX.

La drôle de maison !

FINAL.

TOUS.

Ainsi finit l'histoire

TANCRÈDE.

Pour terminer à notre gloire,
Tous les combats de ce grand jour,

DIANE.

Prouvez que bataille d'amour
Peut devenir une victoire !

TOUS.

Une victoire !

FIN.

Imprimerie de L. TOINON et Cie, à Saint-Germain.